W0368944

Handbuch für Junghexen

by Myriala

Für magisch Interessierte jeden Alters

Vorab..ein Wort zur Magie..

Da ich wiederholt gefragt wurde, ob ich nicht Tipps geben kann, worauf man als Junghexe achten, was man wissen und können soll und vor allem, wie man beginnt, wenn man diesen Weg beschreiten möchte, habe ich mich nun entschlossen, dieses Buch zu schreiben.

Zuerst einige Infos zu mir - mein magischer Name lautet Myriala. Er wurde mir von der Anderswelt übermittelt. Mit der Magie beschäftige ich mich nun seit vielen, vielen Jahren. Sie war, soweit ich zurückdenken kann, immer ein Teil meines Lebens. Auch wenn ich durch die verschlungenen Pfade des Lebens das eine oder andere Mal einen Umweg oder einen kleinen Abstecher gemacht hatte, so fand ich jedoch immer wieder auf den alten Weg zurück, welcher sich wie ein roter Faden durch mein Leben zog und zieht. Selbst wenn ich gar nichts mehr damit zu tun haben wollen würde, es würde nicht funktionieren. Zu stark sind die Energien, mit denen ich bereits verbunden bin. Vor vielen Jahren war ich mental schon so stark, dass ich in diesem Bereich weiter war, als ich verkraften konnte. Ein Gedanke hatte genügt, damit sich Ideen, Gedanken transformieren und sich in der Realität manifestieren. Ohne, dass ich noch viel dazu tun musste, es genügte einzig und allein, dass ich daran dachte. Doch dies ging mir zum damaligen Zeitpunkt einfach zu schnell. Wünsche sind schön und gut, aber ich wollte zumindest die Möglichkeit dazu haben, diese mir auch wünschen zu können, falls ich es möchte. Und nicht, dass es sich bereits manifestiert, wenn nur der Impuls eines Gedanken aufkommt. Stopp!! So nicht! Ich gebot der Energie Einhalt. Und das wars dann auch schon. Somit war dann für ein Weilchen Ruhe. Leider auch in den anderen Bereichen, es war, als ob der Energiefluss mit einem Schlag unterbrochen und zum Erliegen gekommen war. Den Kontakt dazu wieder herzustellen, war ziemlich aufwendig und arbeitsintensiv. Auch um solche Situationen zu vermeiden, habe ich nun diese Zeilen erstellt, damit es anderen Hexen nicht ebenso ergeht. Es wäre ja schade um die Zeit. Daher lieber Schritt für Schritt, dafür aber stetig voran schreiten, als einen Sprung nach vorne machen und wieder weit noch vor den Anfang zurückgeworfen werden.

Viele Junghexen, und an dieser Stelle möchte ich gleich einmal klarstellen, dass die Bezeichnung - Junghexe - absolut nichts mit dem physischen Alter zu tun hat, es definiert einfach, dass man im magischen Bereich als Hexe noch neu, noch jung ist, orientieren sich oft an Fernsehsendungen oder Märchenbücher (hier sind es meist allerdings sehr wohl Anfängerhexen im Teenageralter ;-)). Filme, in denen Hexen dargestellt werden, haben oft mit der Realität sehr wenig gemeinsam. Es gibt wohl Filmdarstellungen, wo das eine oder andere möglich ist, aber dass man Feuerbälle aus den Fingern schießt, um Dämonen damit zu besiegen, ist dann doch ein wenig weit hergeholt.

Was macht eine Hexe aus?

Ein wichtiger Baustein ist das Leben mit der Natur. Früher hatten alle Hexen, alle weisen Frauen, ein sehr inniges Verhältnis zur Natur. Man erfuhr ihre Geheimnisse, entdeckte ihre Magie und den Zauber der Natur. Es war ganz natürlich, aber auch logisch, da man viel Zeit in der Natur verbrachte. Man lebte von und mit der Natur, Kräuterwissen und Pflanzenkunde wurde ebenso wie Heilwissen von Generation zu Generation weitergegeben. Man wuchs ganz natürlich im Einklang mit der Natur auf. Heutzutage ist dies nicht mehr der Fall. Zumindest nicht mehr in dieser Form. Einige wenige haben einen Bauernhof auf dem sie aufwachsen, die Mehrzahl wohnt in der Stadt oder eben in einer Wohnung. Der Bezug zur Natur ist nicht mehr von Anfang an gegeben, man muss sie erst wieder bewusst aufsuchen. Bewusst in die Natur gehen, in den Wald, auf Wiesen, barfuß den Kies und das Gras unter den Füßen spüren, das kühlende Nass eines Baches.

Eine Hexe achtet die Natur, hat Kenntnisse über Magie und ist Vermittlerin zwischen den Welten. Das Wort Hexe an sich kommt aus dem althochdeutschen Hagussa. Hag heißt Zaun, die Erweiterung steht für "reiten" bzw. "sitzen". Eine Hexe ist also eine Zaunreiterin. Jemand, der über den Zaun späht, in die Anderwelt.
Ein vorchristlicher Götterglaube besagt, dass es sich bei einer Hexe um eine Priesterin der Natur, des Waldes handelt.

Beantworte bitte folgende Fragen für dich:

Warum möchte ich eine Hexe sein?

Weil du dich schon immer für Kräuter interessiert hast? Weil etwas, was du geträumt hattest, wahr wurde? Du Tiere verstehst? Dich die Magie magisch anzieht? Du deinen Traumpartner mittels Zauber finden möchtest? Du einer Rivalin mal so richtig einen Denkzettel verpassen möchtest? Oder du vielleicht einen Dämonen dir zu Untertan machen möchtest? Weil du es cool findest?

Schreibe deine Gedanken dazu auf. Überlege und notiere, warum du wirklich eine Hexe sein möchtest.

Beweggründe:...
....
....
....

Wie definiere ich Hexe?
Was ist für mich persönlich eine Hexe?

Ist eine Zaunreiterin (= Hexe) für dich jemand, der schwarz gekleidet mit roten Haaren und einem Pentagramm Anhänger Mittelalterfeste besucht oder jemand, der naturverbunden ist, sich Geistwesen Untertan macht, anderen Menschen hilft, sei es mit Kräuter oder mit magischem Wissen? Erkunde deine für dich stimmige Aussage.

Definition: ....
....
....
....

Ich weiß, dass du nun so rasch wie möglich die anderen Punkte lesen möchtest, aber diese Fragen sind wichtig. Beantworte sie dir, in deinem eigenen Interesse. So lernst du dich auch gleich selbst besser kennen.
Oft weiß man gar nicht genau, was man möchte oder warum man Bestimmtes nicht mag. Exakt dies ist aber ebenfalls eine wichtige Voraussetzung - dass man sich gut kennt bzw. sich nun spätestens jetzt eben besser kennenlernt. Vorlieben, Wünsche, Fähigkeiten, Eigenschaften usw.

Unterschied Hexe - Schamane

Im Wesentlichen definiert eine Hexe oder einen Magier, dass sie sich mit der Natur verbinden und sich die Elemente nutzbar machen. Eine Schamanin oder ein Schamane verbündet sich mit ihnen, er unterwirft sie sich nicht. Die Entscheidung, eine Hexe zu werden, ist frei, als Schamane wird man jedoch von der Geisterwelt ausgewählt. Es ist seine Bestimmung und er kann nichts dagegen tun. Es heißt auch, dass ein Schamane ein spiritueller Mittler zwischen den Welten ist, während die weisen Frauen, das Spirituelle eher in der Natur finden. Doch sind nicht die Hexen auch Vermittler zwischen den Menschen und der Anderswelt? Meiner Meinung nach verschwimmen die Übergänge und es lassen sich keine klaren Grenzen ziehen. Schamanen sind in der Regel für die Anderen da, sie helfen und heilen für die Gemeinschaft, während angenommen wird, dass Hexen die Magie als Mittel zur Selbstverwirklichung verwenden. Junghexen beginnen ihren Weg ja mit Selbsterfahrungen und dies bleibt dann auch oft, während der gesamten Ausbildung der Fall. Während Schüler des Schamanismus ihren Weg beginnen, indem sie ihren Wunsch wahr machen, anderen Menschen helfen zu dürfen. Alleine schon unter den Hexen gibt es die unterschiedlichsten Formen. Ob Chaosmagier oder Kräuterhexe, Tempelmagierin oder Hexenmeister, die Unterschiede sind enorm. Dennoch ist der Überbegriff immer derselbe. Ein wesentlicher Unterschied besteht jedoch darin, dass man im klassischen Schamanismus nicht mit Bann arbeitet, etwas was in der Hexenkunst jedoch ein wesentlicher Bestandteil der magischen Arbeit darstellt. Die Begriffe sind im Allgemeinen jedoch recht dehnbar und Überschneidungen lassen sich nicht vermeiden. Und im Grunde genommen ist es eigentlich unerheblich, wie man sich nennt und man möchte ja vielleicht auch nicht unbedingt in eine spezielle Schublade gesteckt werden - von daher kann man sich auch Wortfindungen und neuen Kombinationen zuwenden wie etwa Hexmane, Schamahexe, Schamma, Maschame, Kräutermane... ;-)

Magie

"Magie ist eine Geheimkunst, die sich übersinnliche Kräfte dienstbar zu machen versucht."

Dudendefinition

So wird Magie vom Duden definiert. Das große Problem beim Wort "Magie" ist, sodass es synonym mit dem Begriff "Zaubern", also im Sinne von Zauberhut, Zauberkasten etc. verwendet wird. Was damit aber wirklich nur im allerweitesten Sinne damit zu tun hat, wenn überhaupt. Es gibt dennoch aber noch viele Menschen, welche der Meinung sind, dass, wenn man magisch tätig ist, ein Fingerschnipser genügt und ein Stupser mit dem glitzernden Zauberstab und man kann das Häschen aus dem Zauberhut ziehen.

Magie ist Schöpfung

Die Schöpfungskraft ist etwas, worauf wir alle zugreifen können. Diese Quelle wurde uns zu Beginn unseres Lebens mitgegeben und wir alle nutzen sie. Jede Idee, alle Gedanken, die uns einfallen, entstammen dieser Quelle. Ein Gedanke ist der Ursprung der Schöpfung.

Die Magie ist ein spiritueller Weg, um durch das Leben zu gehen - zur Selbstverwirklichung!

Was ist Magie nicht?

Magie ist keine Ansammlung von verschiedenen Formeln und Zaubersprüchen. Sicher gibt es wirksame Anwendungen, doch in erster Linie ist Magie Arbeit. Die Arbeit an sich selbst! Doch wir wissen ja, etwas wofür wir hart arbeiten und kämpfen, wissen wir viel mehr zu schätzen, als wenn wir es geschenkt bekommen. Doch in der Magie bleibt uns gar nichts anderes übrig, denn schenken kann uns hier niemand etwas. Sicher gibt es Hunderte von Büchern über Magie, wo von visualisieren, anrufen der Elemente, manifestieren usw. die Rede ist und in etlichen Schriftstücken wird auch beschrieben, wie es funktioniert. Jedoch, lesen ist eine Sache, es in die Praxis zu setzen und es auszuüben eine ganz andere.

Damit muss man sich wirklich intensiv befassen und sich vor allem dann auch damit auseinandersetzen. Magie ist keine Spielerei, kein Partygag, falls einem langweilig ist. Magie ist Ernst und bedeutet Arbeit, auch wenn man sich ihr spielerisch nähern sollte, so sollte man sie doch keineswegs auf die leichte Schulter nehmen. Denn zu leicht kann aus Spaß Ernst werden.

Wenn man die Geister, die man rief (gerne auch bildlich gemeint), nicht mehr loswerden kann, hat man ein Problem. Und kein Kleines. Nichts ist schlimmer, als wenn jemand damit spielt, testet, versucht und vielleicht noch Geister oder Dämonen beschwört - und diese tatsächlich erscheinen! Und man dann keine Ahnung hat, was man nun tun soll.
Also sich vorher immer zumindest ein Basiswissen aneignen und für den Notfall einige Abwehrzauber bereithalten. Schutz ist sowieso unumgänglich!

Tue was du willst, aber schade niemandem!

Doch damit möchte ich niemandem Angst machen, denn Magie ist nur dann gefährlich, wenn man nicht mit ihr umgehen kann. Wie das berühmte Beispiel mit dem Strom. Strom ist weder gut noch schlecht, es ist neutral und dennoch kann man es sowohl für das eine wie auch für das andere einsetzen. Man kann damit kochen, Licht machen, sich föhnen, im Internet surfen, Arbeitserleichterungen verschaffen und vieles mehr, ihn sich also im positiven Sinn nutzbar und das Leben

angenehmer machen. Man kann aber auch direkt mit einem Metallstab in die Steckdose stochern und schon könnte das Leben zu Ende sein. Magie funktioniert nach demselben Prinzip.
Deswegen ist schwarze Magie auch immer relativ zu sehen, ebenso wie die weiße Magie.

Wenn ich einen Liebeszauber anwende, weil eine Frau es gerne möchte und ihr Angebeteter ist Single und er wäre gar nicht so abgeneigt, ist es weiße Magie, wäre er verheiratet und weiß vielleicht nicht einmal etwas von der heimlichen Verehrerin, ist es schwarze. So einfach ist es. Oder?? Vielleicht doch nicht ganz so einfach. Sicher ist: Immer wenn man gegen den Willen einer Person etwas tun oder anwenden möchte, so ist es definitiv schwarze Magie. Dabei muss man nicht einmal etwas Negatives vorhaben oder der anderen Person schaden wollen, es genügt vollauf, gegen den Willen einer Person zu handeln.

Was ist graue Magie?

Das ist der Grenzbereich zwischen schwarzer und weißer Magie. Sehr oft ist es nicht klar ersichtlich, ob ein Zauber zur schwarzen oder zur weißen Magie gehört. Gut, Schadenszauber sind rein schwarzmagisch. Jedoch fallen sehr oft auch "gute" Zauber in diesen Bereich. Wenn die Grenzen verschwimmen, sich vermischen, so zählt dies zum magischen Grau-Bereich.

Beispiel: Was ich persönlich so sehr "liebe" ist, wenn Personen Liebeszauber verteufeln. Wer möchte schon einen Liebeszombie als Partner haben, der einem komplett verfallen ist, alles macht und tut, was man ihm sagt, und einen ununterbrochen anschmachtet und einem die Sterne vom Himmel holt und zu Füßen legt? Und dies vielleicht noch gegen seinen Willen. Nun ja,..vielleicht ein Weilchen.. ;-)

Nein, nur ein Scherz, keine Angst, mit "normalen" Liebeszauber ist dies ohnehin nicht möglich. Wenn vom Traumpartner nicht schon ein wenig Liebe oder zumindest Sympathie vorhanden ist oder war, würde so ein Zauber nicht wirken (es gäbe sehr wohl Rituale, wo dies machbar wäre, aber dies ist eine ganz andere Kategorie und für Junghexen alles andere als geeignet). Doch worauf ich hinaus will ist,

dass man vielleicht jemanden helfen möchte und nun einen Trennungszauber ausführt, da man erfahren hat, dass der Mann der Frau in der Beziehung Gewalt antut. Sie trennen sich. Der Zauber hat funktioniert. Man ist glücklich, da man einem Menschen geholfen hat. Also weiße Magie, oder? Nun erfährt man allerdings, dass diese Behauptungen nicht gestimmt hatten, das Paar einfach einige Unstimmigkeiten hatte und niemand in der Partnerschaft gewalttätig war. Nun sind sie getrennt und beide todunglücklich? Was nun? Noch immer weiße Magie? Aber man hat es doch nur gut gemeint, man wollte doch nur helfen.
Ja, auch das Eingreifen ohne das Wissen der anderen Person gehört nicht unbedingt in den weißmagischen Bereich. Und selbst im gesundheitlichen Bereich sollte man ohne das Wissen und Einverständnis der Person nicht einfach so eingreifen. Möchte die Person überhaupt gesund werden? Oder "braucht" sie die Krankheit um Aufmerksamkeit und Zuwendung zu erhalten, um Einsamkeit zu entgehen oder um sich auf verschiedenen Ebenen weiterzuentwickeln? Man sieht, es ist nicht alles einfach schwarz-weiß. Weshalb ich dieses Schubladendenken nicht ganz gutheißen kann. Schwarze Magie, Weiße Magie, Graue Magie...wieso es nicht einfach als schillernde bunte Magie benennen? :-)

Arten der Magie

Man kann die Magie in verschiedene Bereiche unterteilen.

Hinweis: Ab und zu liest man auch bei uns im Bereich der Magie das Wort Magick. Dies ist kein Schreibfehler, sondern wird in der Norm im englischsprachigen Raum verwendet, um die Gefahr einer Verwechslung mit Show-Zauberern zu vermeiden. Die hohe Magie hat ja auch nichts mit dem Kaninchen aus dem Zylinder zu tun.

Ritualmagie: Jedes magische Wirken wird aufwendig ritualisiert. Jede Bewegung, jede Geste, jedes Wort hat eine symbolische Bedeutung.

Naturmagie: Die Zauber werden mit und in der Natur durchgeführt. Die Natur wird geachtet und respektiert. Es wird mit Naturmaterialien gewirkt.

Chaosmagie: Ohne feste Struktur und starren Vorgaben magisch tätig sein. Nichts ist festgelegt oder funktioniert nach einem bestimmten System. Eigene, spontane, kreative Ideen sind nicht nur erlaubt, sondern höchst erwünscht.

Kerzenmagie: Kerzen in den passenden Farben werden für spezielle Wünsche verwendet. In die, für den Wunsch, stellvertretende Kerze, wird dieser eingebracht, eingeritzt und dann damit gearbeitet.

Puppenmagie: Leider bringen auch heute noch viele Menschen die Puppenmagie mit Schadenszauber aus dem Voodoo in Verbindung. Fakt ist, dass man Puppen aufladen kann, um damit eine Verbindung zu einem Menschen herstellen kann. Positiv wie negativ. Man kann damit also auch Negatives vertreiben und Krankheiten heilen.

Elementmagie: Man wirkt in Harmonie zusammen mit den Elementen. Auf gleicher, ebenbürtiger Ebene arbeitet man mit den Kräften der Elemente.

Engelsmagie: Engel werden je nach Entsprechung angerufen und um Hilfe gebeten.

Knotenmagie: Schnüre und Bänder werden geknotet und gebunden, um Wünsche zu binden.

Küchenmagie: Es wird bevorzugterweise mit Materialien und Gegenständen gearbeitet, welche man zuhause hat bzw. in der Küche findet.

Sigillenmagie: Man versteckt den Wunsch in einer Sigille. Sehr kraftvoll, dennoch sehr einfach umzusetzen.

Nicht ganz so bekannte Arten sind:

Tempelmagie: Die Rituale finden nur in bestimmten Räumen (direkte Tempel gibt es heutzutage ja leider nicht mehr, wo man dies praktizieren könnte) statt. Jedoch sind auch die Ritualgegenstände, als auch die Ritualkleidung speziell nur dafür ausgerichtet.

Blutmagie: Gerne für schwarzmagische Zauber. Doch auch für Frauen ist sie eine starke Möglichkeit, um sich mit dem eigenen Körper auszusöhnen und sich mit der weiblichen Mystik zu verbinden. Hilfsmittel ist in diesem Fall das eigene Menstruationsblut.

Magie der leeren Hand - hohe Magie: Es werden keine Hilfsmittel mehr benötigt. Jeder Zauber, jedes Ritual erfolgt alleine durch die exakte Visualisierung und starker mentaler Kräfte.

Schwarze oder weiße Magie sind keine Unterarten der Magie. Jedes magische Wirken kann man für Positives oder Negatives einsetzen. Abgesehen davon ist die Definition jedes Menschen unterschiedlich. Keine Person auf der Welt hat die exakt dieselben ethischen Vorstellungen wie eine andere Person. Jeder Mensch definiert gut und böse anders. Was für den einen noch ok ist, ist für eine andere Person schon ein absolutes No-go. Wie bereits schon im vorigen Abschnitt erwähnt wurde, kann man jede Art der Magie sowohl zum Heilen, als auch für Schadenszauber anwenden. Es kommt immer auf die betroffene Person an, was sie daraus macht, wie sie damit umgeht und wie sie die Magie anwendet. Doch sei versichert, es kommt zum Ausübenden zurück. Gut wie böse. Ja, auch das Gute kommt zurück.

Magie funktioniert nicht

Wenn man den Zugang zur Magie noch nicht hat und nur die Zutaten zur magischen Arbeit kennt, kann es sein, dass die Umsetzung in die Praxis nicht funktioniert.
Was soll ich tun?

Magische Arbeiten sind zwar immer ein kreativer Prozess, dennoch sollte man einige Punkte beachten.

Absicht

Es ist wichtig, dass man sich über die Absicht im Klaren ist. Und diese muss klar definiert sein. Kauft man sich beispielsweise ein Kleidungsstück, benennt man ja auch, was man möchte. Jacke oder Hose oder doch ein Kleid...und welcher Art, welche Größe, wie viel darf es kosten, welche Farbe usw. Oder man definiert, was man nicht mochte. Unnötig und oft wird dann eben das Unerwünschte wahr. Genau das, was man nicht wollte, manifestiert sich dann. Warum? Weil die Energie der Aufmerksamkeit folgt. Überlege also, was du konkret möchtest. Definiere dein Ziel klar und deutlich!

Stimmige Zutaten

Angenommen für einen Zauber benötigt man eine bestimmte Kerzenfarbe und du verbindest mit dieser speziellen Absicht aber z.B. die Farbe Grün statt Blau, so stimme das Ritual darauf ab. Jedes Ritual sollte sowohl in der Absicht als auch mit der persönlichen Einstellung des Auszuübenden im Einklang stehen. Dabei ist es unerheblich, was in einem Buch darüber steht. Einzig und allein die persönliche Stimmigkeit zählt. Es hilft nichts, wenn uberall zu lesen ist, wenn man für Liebe die Farbe rot und für Romantik die Farbe rosa zu verwenden sind, wenn du persönlich damit nur Blut, Schmerz, Leid und das Schlachten von Schweinen verbindest. Entschuldige bitte, das drastische Beispiel, aber ich denke, so hast du es dir nun gemerkt. Die persönliche Geschichte, die ureigene Persönlichkeit steht immer an allererster Stelle.

Anrufung der richtigen Kraft.

Lerne vorher die Gottheit kennen. Sie werden so oft um Hilfe gebeten, ohne dass sich der Rufende vorher Gedanken um diese Gottheit, diese mächtige Kraft gemacht hat. Was mag er/sie? Geschenke? Falls ja, welche? Welche Farben bevorzugt diese Gottheit? Wurde die richtige Gottheit und das richtige Element für die gewollte Absicht, den Wunsch gewählt? Befreunde dich vor dem Erstkontakt mit dieser Kraft.

Du selbst.

Da Magie eine innere Kraft ist, eine Energie, mit welcher man arbeitet, die aus dir und von dir stammt, ist es sehr wichtig, dich selbst gut zu kennen. Vielleicht hast du in diesem Zusammenhang auch schon mal die Worte - erkenne dich selbst - gehört. Man kann Magie erst richtig verstehen, wenn man sich selbst erkennt. Du bist die Quelle der Magie!

[redacted]

Um sich während eines Rituals vor Störungen, verschiedener Art und auch vor Negativem zu schützen, ist ein magischer Schutzkreis äußerst hilfreich.

Um einen Schutzkreis zu erstellen, gibt es mehrere Möglichkeiten. Doch gerade für Junghexen und Neulinge im magischen Bereich, ist es sehr hilfreich, wenn man eine konkrete Anleitung zur Erstellung eines magischen Kreis des Schutzes hat. Alleine für den Aufbau gibt es unzählige Varianten. Man kann die Elemente aufrufen, einen Spruch zitieren, persönliche Worte sprechen, spezielle Gottheiten anrufen... Der Kreis kann mit Steinen gelegt, mit Kreide gezogen, mit Salz, Blumen oder Heilerde gestreut oder visualisiert werden. Und vieles mehr. Man bittet dabei um Schutz, Hilfe und Kraft.

Je stärker der Wille, je intensiver die Visualisierung, umso kraftvoller ist der Schutz.

Für die Markierungen der Himmelsrichtungen verwendet man etwas Erde für das Element Erde, eine Kerze für Feuer, Wasserschale für Wasser und eine Feder für Luft. Diese sind die gängigsten, jedoch kann man immer nach eigenem Belieben seine eigenen Vorstellungen umsetzen. Zum Beispiel 4 farbige Kerzen aufstellen oder für den Norden etwas Grünes, etwas Salz, ein Pentagramm oder einfach einen Stein nimmt. Der Norden repräsentiert die Erde, grün, für den Osten steht gelb, blau für den Westen, Süden hat die Farbe rot. Weitere Entsprechungen sind für Westen, der Kelch, für den Osten der Dolch, der Stab für den Süden und die Scheibe für den Norden.

Für beinahe jedes Ritual wird ein Schutzkreis benötigt. Doch nicht nur im Zuge eines Zaubers ist ein Schutzkreis hilfreich, er hilft auch als Schutz an sich, zum Beispiel beim *bannenden kleinen Pentagrammritual*. Und so wie in jedem magischen Buch, darf auch hier die Anleitung zum Ziehen eines Schutzkreises nicht fehlen. Dieser Kreis ist das Um und Auf eines Rituals.

Schutzkreis ziehen

Beginne im Osten mit dem Ziehen des magischen Kreises. Rufe die Kraft der Luft an und wende dich anschließend dem Süden zu. Nun drehe dich nach Westen, also zum Element Wasser und zum Schluss wird im Norden das Element der Erde angerufen. Arbeitet man mit Kerzen wird im jeweiligen Moment die entsprechende Kerze entzündet. Nun bittest du die Elemente dem Kreis beizutreten. Dieser Schutzkreis wird im Uhrzeigersinn (deosil) praktiziert.

Nun praktiziere dein Ritual (der Wunsch, den du dir ausgesucht hast, der Grund, warum du dieses Ritual nun machst).
Achte dabei während der Zeremonie, dass du nicht über den Kreisrand oder auf den Rand trittst. Der Kreis bedeutet nicht nur einen Schutz für dich, er bündelt und konzentriert auch die Energie deines Zaubers. Bei dieser Arbeit sollte man also ungestört sein, auch damit man sich besser konzentrieren kann. Achte daher darauf, dass du währenddessen nicht gestört wirst. Türglocke und Telefon werden abgestellt (ja, auch sämtliche Apps werden abgestellt - das Telefon wird entweder ganz abgestellt oder der Flugmodus aktiviert).

Haustiere sind kein Problem. Sie lieben in der Norm die Rituale. Hierbei bitte auf Kerzen achtgeben. Betreten und verlassen Tiere während eines Rituals den Kreis, hat dies keinen Einfluss. Dies gilt für Tiere, aber auch kleine Kinder, können aufgrund der Reinheit ihrer Seelen, den Kreis unbeschadet passieren.
Meine Katze liebt diese Momente und diese Energien. Man kann im übrigen an Katzen auch sehr gut ausmachen, ob sich Fremdenergien im Raum aufhalten. Sie erstarren, die Augen werden groß und gerne starren sie für Minuten in eine bestimmte Ecke. Solange sie nicht die Haare aufstellen und anschließend fauchend davonlaufen und sich verstecken, ist alles gut.

Es werden also die Elemente bzw. die Himmelsrichtungen angerufen. Anfangs bitte nur die tatsächlichen Kräfte des Ostens, des Westens etc. Also wir sagen konkret -

-Ich rufe dich, Kraft des Ostens (oder der Luft). Ich bitte dich meinem Kreis beizutreten-

und rufen auf keinen Fall Wesenheiten, deren Bedeutung wir noch nicht kennen. Gottheiten, deren Kraft man nur von Büchern oder Internetseiten kennt, können einen rasch ins Unglück stürzen. Die Geister, die man rief und welche man dann nicht mehr los wird, werden zum Problem. Und wir lesen auch keine, vielleicht noch in einer alten oder unbekannten Sprache, geschriebenen Sprüche aus alten Büchern. Wurde dieser Übergang einmal geöffnet, so können dir weltweit nur sehr wenige Menschen helfen, wenn überhaupt. Also halte dich bitte daran, schütze dich und riskiere keine unnötigen Herausforderungen, keine Probleme, die deine Psyche oder deine Gesundheit beeinträchtigen oder sogar dein Leben kosten können. Es ist nicht meine Art mit erhobenem Zeigefinger lehrermäßig maßzuregeln, doch in diesem Fall muss dies leider sein. Einfach, weil ich nicht möchte, dass dir etwas geschieht. Also einfach nur die Kräfte anrufen, die du kennst und du bist schon ziemlich auf der sicheren Seite.

Nach Vollzug des Rituals wird der Kreis gegen den Uhrzeigersinn also Widdershin aufgelöst. Dabei wird wieder im Osten begonnen. Dabei bedanke dich bei den Elementen. Du sprichst also ganz konkret wieder die einzelnen Kräfte an und bedankst dich. Vor allem am Anfang, wenn du deine ersten Rituale vollziehst. Später kannst du die Kräfte dann gemeinsam verabschieden. Doch genau dann, wenn man schon einige Routine hat, praktizieren es viele Hexen extra, bedanken sich also einzeln bei der jeweiligen Kraft, eben aus Demut, Hochachtung und Ehrerbietung.

Nach einem Ritual nimm eine Kleinigkeit zu dir. Etwas Brot, einige Nüsse, einige Schlucke Wasser. Es hilft dir, dich wieder besser zu werden und du kannst wieder voll und ganz im Hier und Jetzt sein.

Einen Schutzkreis zieht man, um Raum zwischen den Räumen, zwischen den Welten zu schaffen und um Energien miteinander zu verbinden. Bei der magischen Arbeit schützt er vor negativen Energien. Bei einem Ritual in der Gruppe verbindet er die Energien aller Teilnehmenden, um das Potenzial der Kräfte zu verstärken.

In einem Notfall oder unter besonderen Bedingungen kann man den Kreis verlassen. Ohne ihn zu zerstören, oder Negatives auf sich zu ziehen, zieht man mit einem Athame eine Öffnung, eine Art Tür in den Kreis. So kann man ihn verlassen und dann auch wieder betreten. Nach neuerlichem Betreten des Kreises, bitte nicht vergessen, die "Türe" wieder zu verschließen und zwar indem du die Versiegelung visualisierst. Da der Kreis ja die Linie zwischen den Grenzen symbolisiert, wäre es nicht ratsam Dämonen und andere negative Energien Tür und Tor zu öffnen und sie praktisch einladen, durch den geöffneten Eingang hereinzukommen. Im Kreis treffen sich außer der sichtbaren und der unsichtbaren Welt, auch die Vergangenheit, die Gegenwart und die Zukunft, womit sich die Zeit an sich nun innert des Kreises auch ausdehnen kann. Seine Kreisform steht auch für Unendlichkeit.

Verlässt du den Kreis, aktiviere dein persönliches, inneres Schild des Schutzes.

Pentagramme

Bannend

Das bannende Pentagramm dient als Schutz gegen Negativem und zur Abwehr von Kräften, welche unerwünscht sind. Auch wird es zur Versiegelung verwendet.

Stehe gegen Osten blickend. Zeichne mit der Hand ein bannendes Pentagramm in die Luft. Dabei beginne bei der Spitze links unten und führe den ersten Zug nach oben zur Spitze aus und stelle dir dabei vor, wie das Symbol bläulich oder weiß leuchtet. Ziehe die einzelnen Züge des Zeichens in einem Zug durch.

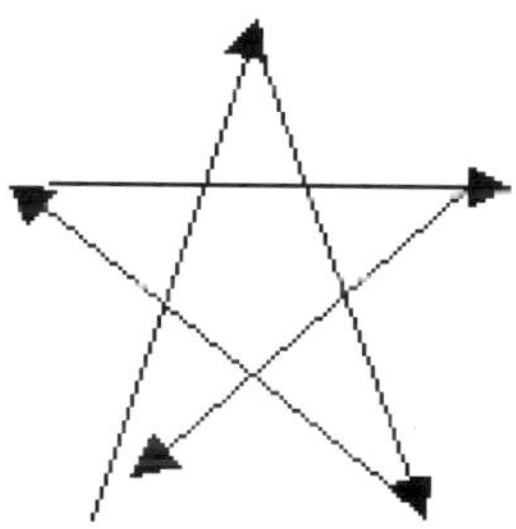

Bannend

*

Das anrufende Pentagramm wird zum Aufladen und zum Entsiegeln verwendet. Es wirkt anziehend. Hier beginnt man beim Zeichnen des Pentagramms in der Mitte oben links. Wenn möglich mit der linken Hand.

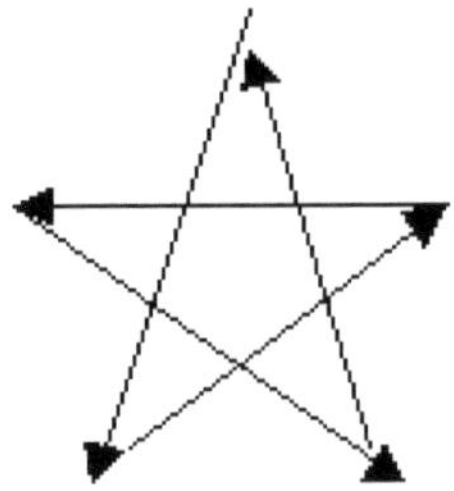

Anrufend

Aufgabe: Übe das bannende Pentagramm.

Aufgabe: Übe das anrufende Pentagramm.

Übe beide Pentagramme solange, bis du sie im Schlaf beherrscht. Im Notfall (wobei mir nicht wirklich einfällt, wie einer aussehen könnte ;-) - ok, wenn es zum Beispiel schnell gehen muss und du bist dir beim anrufenden Pentagramm noch nicht ganz sicher), kannst du bei Bedarf immer das bannende Pentagramm einsetzen. Schutzpentagramm.

Magisches Werkzeug

Stab

Der Zauberstab lenkt die Energie. Er steht auch für bewegende und aufsteigende Energie, deren Symbol die Schlange ist. Auch symbolisiert der Stab einen Baum, welcher von der Erde bis zum Himmel wächst, auf diese Weise also die Erde mit dem Himmel verbindet. Der Stab verbindet also auch Energien.

Dolch

Ein Dolch oder auch Athame genannt, lenkt ebenfalls Energie. Er hilft zu trennen, Strukturen zu schneiden, Formen zu zeichnen. Der Ritualdolch steht für den scharfen Verstand und fokussierte Gedanken. Er unterstützt beim Ziehen des magischen Kreises und hilft sich von Abhängigkeiten zu lösen. Soll Energie konzentriert werden, wird der Dolch verwendet. Seine Himmelsrichtung ist der Osten, sein Prinzip männlich. Der Dolch steht für den Intellekt und die Gedankenkraft.

Kelch

Als Sinnbild für das Elcment Wasser steht der Kelch. Er symbolisiert den Schoß der großen Göttin und das Gefäß für die Gefühlswelt. Der Kelch steht für die Empfindungen und die Intuition an sich. Seine Himmelsrichtung ist der Westen, sein Prinzip weiblich. Mit einem Kelch ruft man also die Intuition und die Wächter des Westens an.

Glocke

Als Zeichen, dass das Ritual nun beginnt, kann man es mit einem kleinen Glockenklingeln einläuten. Auch als Abschluss kann man es kurz erklingeln lassen. Ein kleines, hell läutendes Glöckchen wäre perfekt.

Kerzen

Sie sollten durchgefärbt sein, müssen nun aber nicht unbedingt in teuren Spezialgeschäften erworben werden, weil sie dort oft schon geweiht sind. Weihen, kann man sie schließlich auch selbst. Indem man sie zum Beispiel ganz einfach zwischen den Händen hält und die eigene Energie fließen lässt. Es genügt also oft eine einfach Packung mit weißen Haushaltskerzen für kleines Geld.

Tipp: Bevor man sich eine Duftkerze ins Haus holt, entzünde eine normale Kerze und träufle wenige Tropfen eines ätherischen Öls hinein bzw. träufle das Öl vor dem Entzünden ins Wachs, einfach, um ganz sicherzugehen, dass nichts, und vor allem du nicht, in Flammen aufgeht. Hier beim Öl darauf achten, dass es sich um 100 Prozent naturreines Öl handelt, ansonsten wäre die Wirkung mit einer künstlichen Duftkerze dieselbe.

Hexenkessel

Hat nicht jede Hexe einen Hexenkessel? Zumindest gehört er zum Bild einer Hexe. Und wenn man mit Kräutern arbeitet, Salben herstellt oder einen magischen Trank braut, wäre es natürlich toll, wenn man etwas Besonderes dafür hätte. Auch hier gilt, dass es auch fertige Kessel, welche auch wie Kessel aussehen, meist sehr kostenintensiv kaufen kann, oder - man wählt einen Topf aus der Küche und erklärt ihn Kraft der Worte ab sofort nun zum Hexenkessel. Oder du besorgst dir einen besonders schönen, normalen Topf dafür. Du musst einen Küchenkochtopf natürlich nicht nur für magisches Gebräu verwenden und kannst am nächsten Tag dein normales Essen wieder darin zubereiten. Jedoch ist es schon was Besonderes, wenn deine Hexensüppchen in einem Topf gekocht werden, wo nur Hexenzutaten den Topf berühren.

Gesetze in der Magie

Wie innen so außen. Das bedeutet, dass, was du im Außen suchst, zuerst in deinem Inneren finden solltest. Warum hast du gerade jetzt dieses oder jenes Problem? Versuche die Ursache zu erkunden.

Wie oben so auch unten. Alles was es im Großen gibt (Makrokosmos), gibt es auch im Kleinen (Mikrokosmos). Daher die Arbeit mit Korrespondenzen in der Magie.

Gleiches zieht Gleiches an. Positive Gedanken und Visualisierungen ziehen positive Situationen an. Negative Glaubenssätze und Gedankengänge ebenfalls. Selbsterfüllende Prophezeiung.

Gesetz der Spiegelung. Wenn dich an andere Personen bestimmte Eigenschaften sehr stören, sieh und höre in dich. Möglicherweise hast du exakt diese Eigenschaft irgendwo tief in dir, welchen du aber nicht zulässt. Durch das Zeigen dieser Züge an anderen Menschen, wird der eigene, oft versteckte, Wesenszug reflektiert. Dir wird ein Spiegel vorgehalten.

Gesetz des Widerstandes. Wenn du etwas ignorierst, wird es einen Weg finden, um deine Aufmerksamkeit zu erlangen. Doch dann kann es sein, dass es um einiges extremer ist, als wenn du gleich hingesehen und es angenommen hättest. Jede Angst, jede Sucht, oder unangenehme Angewohnheit ist so eine Chance.

Trage Verantwortung. Sei dir bewusst, dass du für alles, was du magisch bewirkst, Folgen hat. Stelle Überlegungen an, welche das sein könnten. Jedes Tun ist eine Aktion, auf die eine Reaktion erfolgt.

Gesetz des Wissens. Je mehr man über eine Person weiß, umso mehr Macht hat man über sie. Sei also vorsichtig mit dem, was du von dir preisgibst.

Erkenne dich Selbst. Je besser du dich selbst kennst, umso kraftvoller kannst du magisch wirken. Lerne dich kennen.

Gesetz der Ursache. Will man bei jedem Ritual die exakt selbe Wirkung erzielen, so müssen auch die Grundbedingungen dieselben sein. Also dieselbe Zeit, dieselbe Mondphase, dieselbe Stimmung, dieselbe Tagesverfassung.

Gesetz des Zufalls. Es gibt keine Zufälle. Findet etwas gleichzeitig statt bzw. hat man das Gefühl, dass dies nun ein toller Zufall war, so bedeutet dies, dass etwas nun verbunden wird. (Beide Seiten, die der "Zufall" getroffen hat).

Gesetz der Aufmerksamkeit. Dinge, Menschen und Situationen, denen du Aufmerksamkeit schenkst, bekommen dadurch Kraft, Stärke und mehr Energie. Konzentriere dich also auf Erfolge, gute Ausgänge, Positives.

Herz und Kopf. Höre bei der magischen Arbeit auf dein Bauchgefühl und fördere es, vergiss dabei aber nicht, deinen Verstand einzuschalten. Nur wenn beide Seiten im Einklang miteinander sind, wird es ein ausgeglichener Zauber werden.

Gesetz der Ähnlichkeit. Ähnliches mit Ähnlichem heilen. Korrespondenzen sind auch hier gefragt. Was Ähnlich aussieht, kann man auch mit Ähnlichem bekämpfen. Zum Beispiel mit Puppenzauber. Darum achte auch darauf, ob und wem du Bilder von dir zur Verfügung stellst.

Gesetz der Persönlichkeit. Alle Gottheiten, alle Elementare, alle Geistwesen und alle Pflanzen in der Natur, werden als selbständige Persönlichkeit, als lebend, angesehen. Versuche nicht, sie dir Untertan machen oder ihnen Befehle erteilen zu wollen.

Gesetz der Gegensätze. Alles hat immer zwei Seiten. Jede negative Begebenheit oder Situation, hat auch etwas Gutes. Finde das Positive.

Gesetz der Einheit. Indirekt ist alles miteinander verbunden. Absolut alles. Finde die Verbindung. Erkennst du keine Zusammenhänge zwischen Personen oder Geschehnissen, so hast du etwas übersehen.

Diese “Gesetze” sind nicht in Marmor gemeisselt. Sie sind eher eine Art Vorschläge, wobei man gut daran tut, diese zu nutzen. Zum eigenen Wohlergehen und zum eigenen Schutz, aber auch für magische Erfolge.

Fragen und Antworten

Es gibt sehr viele Fragen, welche Junghexen beschäftigen und bei manchen Fragen wundert man sich, dass sie sich nach wie vor hartnäckig halten. Sie werden wieder und wieder gestellt und ich hoffe, mit folgenden Antworten ein wenig Licht in das vermeintliche Düstere des magischen Bereichs zu bringen.

Glauben Hexen an den Teufel und beten sie ihn an?

Nein, nein und nochmals nein. Anscheinend habe die Häscher im Mittelalter derart "gute" Arbeit geleistet, dass viele Menschen auch im 21. Jahrhundert noch glauben, dass Menschen, die Kräuter sammeln, Heiltränke kochen, mit der Natur im Einklang leben, anderen Menschen nichts Böses tun wollen, einfach bewusst leben, dem Teufel dienen. Wäre das nicht schon ein Widerspruch in sich? Und ja, es gibt natürlich Satanisten, doch Achtung! auch hier muss man unterscheiden, welche an Satan glauben und welche Blutopfer bringen, doch diese sind eine sehr, sehr kleine Randgruppe. Dies sind Möchtegernsatanisten bzw. Extremisten und keine Hexen! Und wie gesagt, die Norm der Satanisten hat ihre eigenen Regeln, welche grob gesagt, andere Menschen respektieren und ihnen nichts böses anhaben wollen, außer - man greift sie an, bestiehlt sie und verhält sich ihnen gegenüber respektlos. Dann wehren sie sich. So einfach ist das. Diese haben aber mit den abnormen Riten der kleinen Randgruppe der Personen, der Extremisten, welche sich ebenfalls Satanisten nennen, aber andere Ziele verfolgen, absolut nichts zu tun. Blutopfer haben im richtigen Satanismus keinen Platz und dort nichts zu suchen.

Aber urteilt selbst - als kleine Einsicht und zur besseren Aufklärung, die Liste der Regeln des Satanismus:

Satanische Regeln

Die 11 Satanischen Regeln:

1. Gib keine Stellungnahmen oder Ratschläge, wenn du nicht gefragt wirst.
2. Erzähle deine Sorgen nicht anderen, wenn du nicht sicher bist, dass sie sie hören wollen.
3. In jemandes anderen Heim erweise ihm Respekt, ansonsten betritt es nicht.
4. Wenn dich ein Gast in deinem Heim belästigt, behandele ihn grausam und ohne Gnade.
5. Unternimm keinen sexuellen Vorstoß, solange du nicht entsprechende Signale bekommen hast.
6. Nimm nichts an dich, was dir nicht gehört, außer es ist eine Bürde für den anderen und er schreit danach, entlastet zu werden.
7. Erkenne die Macht der Magie an, wenn du sie erfolgreich eingesetzt hast, um deinen Wünschen zum Erfolg zu verhelfen. Wenn du die Macht der Magie verleugnest, nachdem du sie mit Erfolg beschworen hast, wirst du alles verlieren, was du erreicht hast.
8. Beschwere dich nicht über etwas, dem du dich nicht selbst aussetzen musst.
9. Füge Kindern keinen Schaden zu.
10. Töte keine nichtmenschlichen Tiere, außer du wirst angegriffen oder zu Nahrungszwecken.
11. Wenn du auf offenem Grund unterwegs bist, belästige niemanden. Wenn dich jemand belästigt, bitte ihn, damit aufzuhören. Wenn er nicht aufhört, vernichte ihn.

Die 9 Satanischen Sünden

1. Dummheit
2. Anmaßung
3. Solipsismus (Selbstsucht)
4. Selbsttäuschung
5. Zugehörigkeit zur Herde
6. Mangel an Perspektiven
7. Vergesslichkeit gegenüber früheren Grundsätzen
8. Kontraproduktiver Stolz
9. Mangel an Ästhetik

Die 9 Satanischen Gebote nach A.S. LaVey

1. Satan repräsentiert Hingabe statt Enthaltsamkeit.
2. Satan repräsentiert vitale Existenz statt spiritueller Hirngespinste.
3. Satan repräsentiert reine Weisheit statt heuchlerischer Selbsttäuschung.
4. Satan repräsentiert Güte gegenüber denen, die sie verdienen, statt an Undankbare verschwendete Liebe.
5. Satan repräsentiert Vergeltung statt Darbieten der anderen Wange.
6. Satan repräsentiert Verantwortung gegenüber Verantwortungsbewussten statt Sorge um psychische Vampire.
7. Satan repräsentiert den Menschen als bloß ein anderes Tier – manchmal besser, meistens schlechter als die vierbeinigen – das durch seine „göttliche spirituelle und intellektuelle Entwicklung“ zum bösartigsten aller Tiere geworden ist.
8. Satan repräsentiert alle der sogenannten Sünden, da sie alle zur körperlichen, geistigen und emotionalen Genugtuung führen.
9. Satan ist der beste Freund, den die Kirche jemals hatte, da er sie über all die Jahre im Geschäft gehalten hat.

(von Anton Szandor La Vey © 1969)

(Quelle: „Die Satanische Bibel“ von Anton Szandor La Vey 1969)

Nicht weniger, aber auch nicht mehr. Indem die Propagandisten der Kirche immer wieder über Ketzereien der Heiden berichteten, trugen sie maßgeblich zu dem negativen Bild bei. Noch bis in die heutige Zeit. Diese Geschichten von schwarzen Messen, die viele von uns heute noch in einer extremen Form vor Augen haben, gerne auch aus Filmen, waren reine Propaganda und eine unermüdlich fließende Quelle des Einkommens für die Kirche. Ich denke, dies sollte nun reichen, um zu begreifen und zu verstehen, dass solche Opferrituale als auch die Anbetung reine Zeitverschwendung, unnütz und ebenso eine grob fahrlässige Verschwendung von Energie ist.

Durch etliche Verfälschungen und auch falsch interpretierten Überlieferungen, welche selten schriftlich waren, bildeten und bilden sich auch heute noch viele Menschen eine Erklärung, welche leider eher negativ ist.

Ab wann ist man keine Junghexe mehr?

Sobald du das Gefühl dafür hast, es für dich stimmig ist - du spürst es einfach. Ist man keine freifliegende Hexe sondern in einem Coven, so gibt es dort oft bestimmte Regeln und Vorgaben und meist ist es so, dass man nach 13 Monaten bzw. Monden eine Initiation von der Junghexe zur Hexe erfährt.

Da ich einige Male Fragen zum Begriff Althexe las und gestellt bekam, an dieser Stelle die klare Definition. Man beginnt als Junghexe und wird dann zur Hexe. Der Begriff Althexe gibt es so nicht. Man wird von der Junghexe zur Hexe. Fertig!

Bis zu welchem Alter kann man sich als Junghexe bezeichnen?

Der Begriff Junghexe hat nichts mit dem physischen Alter zu tun. Man kann 14 Jahre oder auch 44 Jahre (oder älter) jung sein. Es bezeichnet lediglich, dass man im magischen Bereich noch unerfahren und neu bzw. also jung, ist.

Was ist eine freifliegende Hexe?

Eine Hexe, die alleine arbeitet und weder in einem Zirkel oder einem Coven arbeitet. Sie kann sich dennoch ohne weiteres mit Gruppen treffen und sich dort austauschen, jedoch arbeitet sie in der Regel alleine.

Was ist ein Coven?

Eine Gruppe, die sich regelmäßig trifft, um magisch zu arbeiten. Es gelten dort Regeln und Gesetze, welche einzuhalten sind. Oft gilt es bestimmte Aufgaben und Übungen in einem vorgegebenen Zeitraum zu erfüllen. Gerade zu Beginn, solange man noch eine Junghexe ist, um infolge initiiert zu werden.

Können auch Männer Hexen sein?

Ja. Ein Mann heißt dann ebenfalls Hexe oder Hexer, oder auch Hexenmeister.

Benötige ich unbedingt alle Zutaten für eine magische Arbeit wie zum Beispiel einen Kelch, Athame etc.?

Nein. Dies sind Hilfsmittel, um sich mit den Energie zu verbinden. Und dafür muss man auch nicht in speziellen Shops unterwegs sein. Man kann sich ganz leicht auch alles selber machen oder die entsprechenden Analogien finden. Also, wenn man einen Kelch benötigt, genügt ein Glas Wasser oder die Farbe blau oder man platziert einen Mondstein. Auch prunkvoll verzierte Zauberstäbe müssen nicht teuer erworben werden, ein Zweig von einem Haselnussstrauch wäre bereits absolut perfekt.

Gibt es eigene Rituale nur für Junghexen?

Nein! Es gibt keine speziellen Anfängerrituale, jedoch können Dankesrituale und Kerzenzauber ein wundervoller Einstieg sein. Dabei ist natürlich auch immer wichtig, dass man das Grundwissen hat. Zum einen zum eigenen Schutz und zum anderen kann man viel besser magisch wirken, wenn man etwas Ahnung davon hat, was man eigentlich macht.

Bitte versuche dich nicht an Ritualen, nur weil du etwas ausprobieren möchtest. Vielleicht noch an alten Schriften in unbekannter Sprache. Es gibt keine Probierrituale. Bei manchen Zaubern meint man, dass diese einfach sind und man selbst als unerfahrene Junghexe damit Erfolg hat. Doch bei jedem Zauber kann etwas daneben gehen, Probleme auftreten, mit denen man einfach nicht gerechnet hat und Pannen geschehen. Es gibt keine Zauber, bei denen absolut nichts schief gehen kann. Doch bei bei oben genannten ist man schon ziemlich auf der sicheren Seite. Daher gibt es in diesem Buch auch

Kerzenzauber und Dankesrituale, welche man nachmachen kann, ohne dass man Angst haben muss, dass etwas Schlimmes geschieht.

Was bedeutet BdS?

Buch der Schatten oder auch BoS, Book of Shadows. Ein Buch, in dem man seine Zauber, Vorstellungen, Wünsche und Erfahrungen einträgt. Mehr dazu unter dem Kapitel Buch der Schatten. Ich hatte in Buchhandlungen und in Online Shops Bücher entdeckt, welche unter der Bezeichnung - Buch der Schatten - angeboten wurden, wobei es sich allerdings *nicht* um leere Bücher handelte, wo man seine Rituale und Zauber selbst eintragen konnte, sondern, wo man schon vorgefertigte Seiten vorfand, mit Allerweltsweisheiten und Zaubersprüchen, wie man sie zuHauf überall findet. Mir erschließt sich der Sinn solcher Bücher nicht. Vielleicht können sie eine kleine Hilfestellung für angehende, praktizierende Hexen sein, in welcher Form auch immer, aber so ein Buch ist definitiv *kein* Buch der Schatten. Da es sich hierbei immer um die eigenen Erfahrungen handelt.

Ist Schwarz die Farbe der Hexen?

Manche Hexen bevorzugen zwar die Farbe Schwarz, doch die Mehrheit kleidet sich "normal". In der Norm kann man Hexen auf der Strasse nicht von anderen Menschen unterscheiden.
Hexen, die gerne und oft oder manchmal auch ausschließlich Schwarz tragen machen dies oft aus symbolischen Gründen - schwarz = Farbe der Erleuchteten und der Geistigen. Warum sollte auch eine Naturreligion, welche für Toleranz und Selbstverwirklichung steht, eine Ordnung bezüglich der Kleidervorschriften haben?
Also nein, man muss als Hexe nicht schwarz tragen und/oder sich mit kiloschweren, übergroßen Pentagramm Ketten behängen. Hexe zu sein ist eine Einstellung und ist nicht von Äußerlichkeiten abhängig.

Kann ich mit viel Übung wie die Hexen im TV zaubern?

Ich hoffe nicht, dass diese Frage ernst gemeint ist, zur Sicherheit möchte ich sie aber dennoch beantworten. Natürlich - NICHT!

Wenn du glaubst, dass du nach langem Üben Feuerbälle werfen und auf einem Besen fliegen kannst, muss ich dich leider enttäuschen. Fernsehserien zu diesem Thema sind eher im Reich der Fantasy anzusiedeln.
Natürlich wäre es toll, wenn man es so praktizieren könnte und es gibt auch Methoden, mit denen man spezielle Techniken lernen kann, jedoch ist dies dann schon hohe Magie und auf einem Besen zu fliegen gehört auch hier definitiv nicht dazu.

Muss ich mich mit Kräutern auskennen oder Karten legen können?

Dein Weg wird sich dir erst offenbaren. Du bist noch am Lernen und wenn man etwas beginnt zu lernen, kann man es nicht schon können. Logisch oder? Es ist noch kein Meister vom Himmel gefallen. Dieser Spruch gilt für alle weltlichen Berufe, jeden Bereich, wo man gewillt ist, etwas zu lernen und so auch für die Kunst der Magie. In welche Richtung dich dein Weg führt, wird sich erst zeigen. Vielleicht kannst du die Kraft des Pendels nutzen, oder es offenbaren sich für dich die Bilder beim Karten legen oder dich sprechen die Kräfte der Kräuter an. Was es auch wird, es kristallisiert sich erst im Laufe der Zeit. Gerade anfangs kann es nicht nur sein, dass du verschiedene Richtungen ausprobierst, du sollst es sogar, um zu erkennen, in welche Richtung dich dein Weg führen könnte. Probiere dich aus und höre auf dein Gefühl. Lernen und üben muss man in jedem Bereich. Den Bereich der Kräuter sollte man, auch wenn es nicht unbedingt zu seinem Spezialwissen gehört, zumindest im Groben kennen. Da man Pflanzen und Harze ja beinahe bei jedem Ritual oder auch zum Räuchern benötigt, sollte man schon wissen, was man verstreut, bindet oder verbrennt.

Muss ich als Hexe vegan leben?

Dies ist eine persönliche Entscheidung und Einstellungssache. Man kann also auch als Hexe Fleisch essen. Eine vegetarische oder vegane

Ernährung oder Lebensführung ist keine Voraussetzung dafür, eine Hexe zu sein.

Wird man als Hexe geboren?

Immer wieder hört und liest man, dass man das Hexenhandwerk nicht lernen kann und es einem in die Wiege gelegt wird, ob man eine Hexe ist oder eben nicht. Nun...

die Wahrheit ist, dass sich alles lernen lässt. Sicherlich gibt es auch Hexen, wo man das Wissen von Generation zu Generation weitergibt. Gerne erfährt man von der Großmutter vom geheimen Wissen und wie man es anwendet. In der Realität sind diese Hexen die Minderheit. Wie die meisten Hexen habe auch ich mir alles selbst beigebracht, gelernt, geübt, Erfolge und Misserfolge gehabt (meine Oma hätte nur den Kopf geschüttelt) und ich bin noch immer am Lernen. In diesem Bereich hört man damit nie auf. Das ist aber kein Grund zum Verzweifeln, im Gegenteil, ich freue mich jedes Mal auf eine neue Herausforderung. Und so wie mir, geht es den meisten Hexen. Sie lernen alle von Anfang an und die meisten bringen es sich mühsam bei und mit jahrelangen Übungen. Man muss also nicht als Hexe geboren werden, um als Hexe zu leben. Auch wenn viele im Social Media Bereich (gerne auf Youtube) es euch weismachen möchten. Dort sieht man beinahe nur Hexen, welche als Hexe geboren, in der 5., 6. oder 7. Generation magisch arbeiten und selbstverständlich schon als kleines Kind außergewöhnliche Erfahrungen hatten, welche ihnen dann von ihrer Großmutter erklärt wurde und welche ihnen dann auch die Feinheiten zeigte. Also nein, muss nicht als Hexe zur Welt gekommen sein und ja, man kann das Hexenhandwerk natürlich erlernen (sonst gäbe es, denke ich, nicht mehr allzu viele von uns..). Und im Grunde genommen spielt es auch keine Rolle, denn wir müssen es ja alle lernen (also, die Hexen, das Handwerk der Hexen).

Zauber funktioniert nicht - Warum?

Ich habe absolut alles gemacht und alles richtig gemacht, trotzdem passiert nichts? Warum nicht?

Bist du sicher, dass die Magie nicht gewirkt hat? Lies nochmal den Absatz anfangs über die nicht funktionierende Magie.
Hast du der Magie genügend Zeit gelassen? Vielleicht passiert es ja noch. Sei nicht zu ungeduldig.
Vertraust du der Magie oder bist du dir doch nicht ganz so sicher, ob es wirklich wahr werden könnte, vielleicht sogar, ob es Magie überhaupt gibt. Falls solche Unsicherheiten und gravierende Zweifel aufgetreten sind, so kannst du auf den Erfolg beim Ritual lange warten. Wenn du von einer Freundin etwas erwartest, dass sie es tut, du ihr aber nicht im Geringsten vertraust, warum soll sie dir helfen und wirken? Hast du Angst? Wovor? Vor Wesen, die du gerufen hast, und nicht kennst? Informiere dich immer über die Kräfte, welche du rufst. Vielleicht waren es nicht die richtigen Energien für diesen Wunsch. Glaubst du, dass dein magischer Kreis nicht genügend Schutz bietet? Mache ein Reinigungsritual. Hast du andere Sorgen die Magie betreffend, finde die Ursache und löse sie. Bei Rufen von Kräften und Wesen, bitte immer auch daran denken, sie am Schluss auch wieder zu verabschieden. Und ein Punkt wird nur allzu gerne übersehen - viele meinen, dass sie nach einem Zauber nun nur mehr zu warten brauchen, bis ihnen alles in den Schoß fällt. Nun, etwas Mithilfe von deiner Seite wäre aber nicht schlecht. Die Magie unterstützt dich, sie macht aber nicht deine Arbeit. Beispiel Job: Wenn du ein Ritual vollzogen hast, um einen Job zu finden, musst du schon auch selbst danach suchen - du wirst magisch unterstützt, jedoch werden die Chefs nun nicht bei dir an die Wohnungstüre klopfen, um zu fragen, ob du eventuell bei ihnen anfangen könntest. (Zumindest kommt dies sehr, sehr selten vor ;-)).

Der Werdegang einer Hexe ist ein Weg des ständigen Lernens und des Findens.

Scharlatane in der Hexenwelt

Gibt es in der Hexenwelt auch Scharlatane und Hexen, die nur so tun, als wüssten und könnten sie alles?

Natürlich gibt es diese, so wie auch in jedem anderen Bereich und in jeder Berufssparte. Die Poser, die mehr Schein als Sein sind. Die Wichtigtuer und Besserwisser, Rechthaber und Ober Gurus dieser Welt findet man überall.
Doch gerade im magischen Wirken finde ich es sehr unverantwortlich, wenn man Junghexen keine Antworten auf ihre Fragen oder sehr oft falsche Informationen weiter gibt. Als Junghexe ist man ja wissbegierig und fragt, was ja auch vollkommen in Ordnung ist. Wer nicht fragt, erfährt auch nicht viel.

Wie erkenne ich Pseudohexen?

Möchtegernhexen erkennt man oft erst auf den zweiten Blick, was ja gerade für Neueinsteiger und Junghexen eine besondere Gefahr darstellt. Sie mögen vielleicht etwas wissen, aber bei weitem nicht alles. Erster Punkt - sagt eine Hexe, dass sie alles über die Magie weiß, vergiß sie. Kein Mensch weiß alles.

Zweiter Punkt - sie bekommt eine Frage gestellt und als Antwort wird um den heißen Brei geredet. Gerne ausführlich und langatmig, aber nie auf den Punkt kommend. (Schade, dass ich hier keine Beispiele anführen darf ;-)).

Dritter Punkt - sie verlangen Geld, dafür, dass sie dir Ratschläge und Tipps geben. Hexenschulen schön und gut, aber für eine reine Beratertätigkeit für vielleicht 2, 3 Fragen von Junghexen Geld zu verlangen, finde ich schon bemerkenswert..sagen wir mal...mutig.

Vierter Punkt - Manche Hexen meinen, dass die Zauber nur funktionieren, wenn man diese mit Mitteln, Ölen, Kerzen, Kräuter usw. praktiziert, die man nur bei ihnen bekommt. Es ist natürlich legitim, wenn man Zubehör vertreibt, aber die Aussage dazu, dass es dann “nur” mit den Sachen aus ihrem Geschäft möglich ist, Erfolg zu haben, führt dann aber doch mehr als zu weit.

Fünfter Punkt - Sie hatten immer Erfolg, jeder Zauber, jedes Ritual gelang und das über Generationen hinweg. Es liegt ihnen einfach im Blut. Auch so etwas gibt es nicht. Das Hexenhandwerk ist wie die Bezeichnung schon sagt, ein Handwerk, welches man lernen muss und dass dabei noch nie im Leben etwas daneben gegangen ist oder nicht funktioniert hat, kann mir keiner erzählen.

Sechster Punkt - gerade im Social Media Bereich gerne praktiziert - Fragen, welche man der Hexe stellt, werden einfach überlesen (kann natürlich auch wirklich sein, dass man etwas übersehen hat, kommt dies jedoch öfter vor, wäre ich etwas hellhörig).

Siebter Punkt - sehr vorsichtig wäre ich auch bei Hexen, die meinen, dass nur ihr Weg der Richtige ist. Das Hexentum ist weder eine Sekte, noch möchte man mit Methoden anderer Glaubensrichtungen verglichen werden. Wenn es für jemanden stimmig ist, toll, wenn nicht, auch gut. Den EINEN Weg, gibt es nicht. Jeder sollte meiner Meinung nach, das für sich Stimmige heraussuchen und es, wenn Bedarf besteht, es auch wieder ändern. Ganz einfach.

Achter Punkt - wenn es eine Person gibt, die negativ über eine bestimmte Hexe spricht, ok. Bei zwei, drei Personen, auch ok, sind es jedoch mehr und es häuft sich und man hört wieder und wieder nichts Gutes über diese Person, so lasse Vorsicht walten. Man sollte natürlich nichts auf Gerede und Gerüchte geben, man sollte aber auch nicht blauäugig und naiv sich ausnehmen lassen. Sei zwar positiv zu den Menschen eingestellt, aber auch immer wachsam. Es geht ja schließlich um deinen persönlichen Weg.

Jahreskreisfeste

Die Jahreskreisfeste, auch Hexensabbate genannt, verteilen sich gleichmäßig über das ganze Jahr und werden auf vier Sonnenfeste und vier Mondfeste aufgeteilt.
Sie wechseln einander immer ab. So findet also alle 6 ½ Wochen ein Hexenfest statt.
Auch wenn es einige Praktizierende gibt, welche das Neujahr zum Julfest am 21. Dezember (Wintersonnenwende) feiern, (da an diesem Tag das Licht gefeiert wird), beginnt das Hexenneujahr nach alter Hexentradition am 1. November. Zu den Anfängen, soweit bekannt, gab es nur die Feste Samhain und Beltane. Mit der Zeit entwickelten sich die anderen Festtage hinzu.

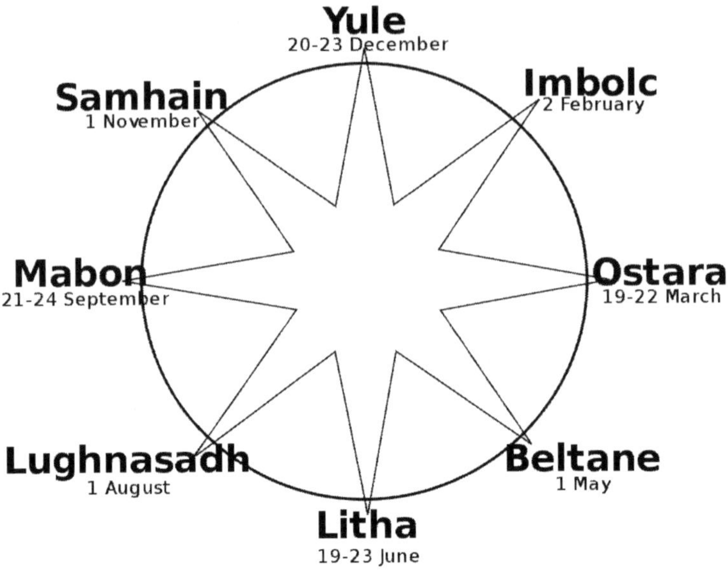

Samhain - Mondfest

Die Nacht vom 31. Oktober zum 1. November - 1. Tag des Hexenjahres - Totenfest - Keltisches Neujahrsfest

Die Tore zwischen den Welten sind in dieser Nacht geöffnet. Die Grenzen zur Anderswelt sind durchlässig und verschwimmen. Der gehörnte Gott stirbt zwar an diesem Tag, jedoch trägt die Göttin bereits den Samen des neuen Lebens in sich. Sie steigt in die Unterwelt und regiert nun als Herrscherin Hekate über Leben und Tod. Man bereitet sich auf die dunkle Jahreszeit vor. Altes geht und wird losgelassen. Samhain ist das Neujahr der Druiden und der Hexen und der Feiertag der Verstorbenen. Werde dir deiner eigenen Sterblichkeit bewusst und lebe im Hier und Jetzt. Denke daran, dass jede Entscheidung, welche du aktuell triffst, deine Zukunft beeinflusst.

Die Farben dieses Festes sind schwarz und rot. Dementsprechend kannst du auch deinen Altar danach ausrichten.

Samhain Ritual

Entzünde eine schwarze und eine rote Kerze und schreibe auf einem Stück Pergament, was du loslassen möchtest. Nimm ein Stück aus schwarzem Stoff oder schwarzem Tonpapier und lege alles darauf, was du loslassen und abschließen möchtest. Zum Beispiel Fotos, Namen, symbolische Gegenstände, welche dich an die Vergangenheit oder an Negatives erinnern. Nun füge etwas Salbei, Wacholder und Beifuss hinzu. Darüber streue eine Prise Salz und nun verschnüre das Ganze zu einem Päckchen. Halte nun deine Hände über das Päckchen und lasse deine Energie fließen, denke dabei an die Sorgen und Blockaden der Vergangenheit, welche nun mitgeschickt und somit abgelegt werden. Je nach Inhalt des Päckchens und je nachdem, was für dich nun stimmiger ist, verbrenne das Bündel oder vergrabe es. Bei einem Feuerritual entsorge anschließend die Reste in einem fließenden Gewässer. Nun sieh nach vorne, erblicke eine neue Zukunft und beginne dafür die ersten Schritte zu setzen.

Farbe: Schwarz

Julfest - Sonnenfest

Wintersonnenwende - 21. Dezember

Jul = Rad, Lebensrad, das Rad des Lebens. Das Leben erwacht, die Schwangerschaft ist noch nicht sichtbar. Überwindung des Todes (Natur). Es ist der kürzeste Tag und die längste Nacht. Ein neuer Zyklus im Lebenskreislauf beginnt. Es wird in dieser Nacht, meist vor Sonnenaufgang, die Wiedergeburt des Jahresgottes oder auch Lichtgott genannt, gefeiert. Das Licht kommt zurück. Mit Sonnenaufgang werden die Tage wieder länger. Es ist wieder länger hell.

Wunschzauber

Dekoriere deinen Altar mit Zweigen des immergrünen Baumes (Tanne). Du kannst auch silberne und goldene Tücher oder Bänder dazu nehmen. Entzünde 6 weiße Kerzen und die Räucherkohle. Streue einige der Tannennadeln auf die heiße Kohle, sowie Gewürznelken,

Zimt, Kardamom und Zedernholz. Du kannst lieben Freunden, deinem Partner, deiner Familie heute etwas Kleines schenken. Doch auch du darfst dir etwas wünschen. Schreibe auf ein Stück Papier deinen größten Wunsch. Entzünde nun eine goldene Kerze (hast du keine güldne bei der Hand, kannst du auch eine silberne oder weiße Kerze verwenden). Atme den Duft der Räucherung ein, blick in die Flamme und visualisiere, wie dein Wunsch in Erfüllung geht. Nun halte dein Papier in die Flamme und lasse sie in einem feuerfesten Gefäß auf feuerfester Unterlage verbrennen. Alle Kerzen sollten noch in dieser Nacht ganz abbrennen. Freue dich auf die Zukunft und die Erfüllung deines Wunsches.

Die 12 Rauhnächte beginnen.

Imbolc - Mondfest

Lichtmess - 1. Februar bzw. oder auch 2. Februar

Ehrenfesttag der dreifachen Fruchtbarkeitsgöttin Brighid (3fach = Jungfrau, Mutter, alte Frau). Das Wort Imbolc stammt aus dem gälischen und bedeutet Bauch. Erste Regungen im Bauch von Mutter Erde werden wahrgenommen. Zeit der Reinigung. Thor besiegt die Eisriesen und das Licht gewinnt. Es ist bereits eine Stunde länger hell. Der Altar wird mit Frühlingsblumen geschmückt. Räuchern mit Salbei, Weihrauch, Kampfer und Wacholder. Sie alle stehen für Reinigung und Schutz. Das Heim wird nicht nur spirituell von Altem befreit und Negativem gereinigt, es wird auch konkret gesäubert und geputzt. Was hilft die schönste Räucherung der Reinigung, wenn sich der frische, reinigende Duft und die klärende Energie auf verstaubte Ecken und Staubmäuse setzt? Es würde nicht viel bringen. Also auf zum Putz im Frühjahr (es kommt nicht von ungefähr, dass auch andere nichtmagische Wesen den Drang haben, ihre Wohnung im Frühling auf Vordermann zu bringen). Die Schwere des Winters und die dunkle Jahreszeit wird vertrieben und die Sonne soll nun samt ihrer Kraft und ihrem Strahlen und der Helligkeit wieder einziehen.

Kreativität

Entzünde eine weiße Kerze, stelle dir etwas vor, was du dir wünscht. Halte dabei einen kleinen Bergkristall in der Hand. Lösche die Flamme (nicht ausblasen!) und trage den Kristall nun bei dir. Wiederhole das Ritual, bis die Kerze ganz abgebrannt ist (würde vorschlagen, dass du dafür also eine eher dünne und kleiner Kerze nimmst ;-)) und vergrabe die Kerzenreste anschließend unter einem Hollerstrauch.

Ostara - Sonnenfest

Frühlingstagundnachtgleiche - 21. März

Der Frühling beginnt, der Winter, die Zeit des Todes, ist vorbei. Wiedererwachendes Leben in der Natur durch die Rückkehr der Sonne, welche das Licht wieder bringt. Tag und Nacht sind nun gleich lange. Das Fest des Frühlings symbolisiert die Zeit des Neuanfangs. Reinigung (Frühlingsputz). Die Reinigungsphase beginnt an Imbolc und dauert bis Ostara. Das bedeutet nun nicht, dass man die ganze Zeit nun am Putzen sein soll, jedoch ist dieser Zeitraum einfach ideal dafür. Reinigung vor allem für Körper, Geist und Seele. Für die feinstoffliche Reinigung sind nun Basilikum, Salbei und Rosmarin ideal. Vergiß die Ecken nicht. Danach lüfte gut. Diese Räucherung verbessert nicht nur das Raum- und Wohnklima, sie hilft dir auch klare Gedanken zu fassen und einen klareren Kopf zu bekommen.

Der altdeutsche Begriff Ostermond stand für April (gregorianisch). Göttin Ostara steht aus der Unterwelt auf und kommt in die irdische Welt. Ostereier, welche heute noch bunt angemalt werden, stehen für die Fruchtbarkeit der Natur.
Die Göttin erwacht und macht die Erde fruchtbar. Die Fruchtbarkeitsgöttin Ostara wurde auch als Göttin des Ackerbaus verehrt und gilt auch als die Schutzpatronin von Österreich (Ostarichi).

Es ist an der Zeit, sich zu fragen, ob es Änderungen bedarf. Möchte man etwas Neues? Einen neuen Job, eine neue Wohnung, sich für einen neuen Kurs anmelden, ein neues Hobby beginnen oder eine neue Sprache lernen? Was möchtest du für dieses Jahr säen und was dann ernten? Soll es eine komplette Umorientierung werden oder möchtest du einfach nur mal die Möbel anders hinstellen? Überlege dir was du möchtest und setze die Saat.

Stelle dir eine Räuchermischung mit folgenden Zutaten zusammen: Eisenkraut, Zedernholz, Mastix und Lemongras und notiere dir auf ein Papier, welche Hindernisse sich dir im Moment in den Weg stellen. Meditiere über Lösungsmöglichkeiten oder/und mache ein Brainstorming (schreibe auf, was dir gerade zu diesem Thema einfällt, ohne nachzudenken, ob es Sinn macht oder nicht - aussortiert wird später). Anschließend verbrenne den Zettel mit den Problemen in einem feuerfesten Gefäß, während du dir vorstellst, wie sich die Hürden ebenfalls in Rauch auflösen.

Beltane - Mondfest

Walpurgisnacht - Nacht auf den 1. Mai

Es ist eines der wichtigsten Feste, wobei man Beltane Feuer = Maifeuer, entzündet. Damit feiert man die Fruchtbarkeit der Göttin und die Vereinigung mit dem gehörnten Gott. Ankunft des Sommers. Die Energien fließen, neues Leben wird geschaffen. Geister des Winters können sich noch austoben, bevor sie weichen müssen. Der traditionell gefeierte Maibaum, am 1. Mai, Maifest, wird auch heute noch als Symbol der Fruchtbarkeit gesehen. Der Maibaum an sich ist ein Phallussymbol. Wenn die Mädchen mit bunten Bändern um den Baum tanzen, steht dies als Vereinigung von weiblicher und männlicher Energie. Bei diesem Fest wird/wurde die Sexualität als etwas ganz Natürliches angesehen.
Durch Überspringen des Feuers erbittet man Reichtum und Fruchtbarkeit.

Fruchtbarkeitsrituale bieten sich an

Dekoriere deinen Altar mit Blumen des Frühlings und bunten Bändern und entzünde 5 weiße Kerzen. Räucherstoffe mit Patchouli, Rosen und

Jasmin passen dazu. Bitte darum, wo du wachsen möchtest oder welcher Bereich fruchtbarer werden soll. Damit ist nun nicht nur der Wunsch nach Nachwuchs gemeint, auch berufliches Wachstum, Wunsch nach Beförderung, Wunsch nach persönlichem Aufstieg, nach körperlicher Verbesserung werden an diesem Tag ebenfalls gefördert. Aber natürlich ist auch die Sexualität ein Thema. Man kann also auch um die Steigerung der eigenen Ausstrahlung bitten. Ist ein Kinderwunsch vorhanden, so vergrabe Opfergaben unter einem Apfelbaum. Nach der Bitte, bitte das Danken nicht vergessen.

Farbe: Dunkelgrün
Tarot: Herrscherin

Litha - Sonnenfest

Sommersonnenwende - Mittsommerfest - 21. Juni

Kürzeste Nacht des Jahres, die Sonne hat ihren höchsten Punkt erreicht. Ab nun werden die Tage wieder kürzer.
Im Christentum wird dieses Fest am 24. Juni gefeiert, bekannt unter dem Namen Johannisfest bzw. Johannistag.
Mitte des Kreislaufes. Die Kreativität und die Individualität wird gefeiert. Hochzeit der Natur. Freudenfeuer werden umtanzt, um Reinigung, Fruchtbarkeit und Liebe zu fördern. Heimlicher Beginn des Todes, da in das blühende Leben bereits die Saat zum Tod gesät wird. Litha ist die Göttin der Fruchtbarkeit und des Überflusses. Doch ebenso wie ihr, ist dieser Festtag auch Göttin Cerridwen gewidmet.

Wünscht man sich ein göttliches Kind, so sollte man die Gunst der Nacht nutzen und seinen Partner in dieser Zeit betören.

Farben: Grün, gelb, blau

Rose der Liebe

Entzünde 2 rote Kerzen. Um den Traumpartner anzuziehen, notiere auf einen Zettel, die Eigenschaften, welche dein künftiger Partner haben sollte (mindestens drei - Eigenschaften, nicht Partner ;-)). Binde nun das Papier mit einem roten Faden um eine rote Rose, verknote es drei Mal und denke dabei intensiv an die Worte, welche du notiert hast. Du kannst sie auch laut aussprechen. Vergrabe das Bündel nun in der freien Natur, an einem Plätzchen, an dem du dich wohl fühlst. Mit der Zersetzung der Zutaten, wird der Wunsch freigegeben und macht sich auf den Weg zur Erfüllung.

Lammas - Mondfest

Lughnasad - 1. August (mancherorts auch am 1. und am 2. August) - Schnitterfest

Fest des ersten Brotes und Segnung der Heilkräuter. Das Wachstum erfährt seinen Höhepunkt. Erntezeit beginnt. Ursprünglich wurde dieses Fest mit der ersten Ernte gefeiert. Der Name Lughnasad bedeutet Lughs Gedenken (Lugh= keltischer Lichtgott)- Fest des Lichtgottes. Obwohl die Sonne ihren Einfluss noch sehr stark geltend macht, nimmt ihre Kraft nun ab. Man bedankt sich beim Fest des Überflusses und der Fülle mit Opfergaben an die Götter für das reife Korn und bittet um eine gute und reiche Ernte. Die letzten Ähren werden stehen gelassen. Früher wurden diese mit Blumen geschmückt. Es war Tradition der Ahnen, dass man einen Teil der Ernte zurück lässt, als Danke, Opfer und vor allem, um den Kreislauf des Lebens sichtbar zu machen. Kein Anfang und kein Ende, alles wiederholt sich. Geburt und Tod. Ähre - Samen - Ähre...

Zudem weiht man bei Lammas menschliche Bindungen und denkt darüber nach, was ist, was kommen wird und was kommen soll.
Der Festtag gebührt der Korngöttin Cerres.

Farben: Gelb, Goldgelb, Orange

Überlege, was in deinem Leben reif ist. Was kann geerntet werden? Ist etwas noch nicht bereit zum Ernten, lass es stehen. Es wird sich finden

und sich integrieren. Segne und bedanke dich dafür, was dir geschenkt wurde.
Ritual des Dankes

Schmücke deinen Altar mit Obst und Ähren. Finde einen Stein, der dir gefällt, (kein Heilstein), nimm einige Opfergaben (Obst, Blumen..) und bringe das Ganze zu einem Baum, der Früchte trägt. Bedanke dich bei Mutter Erde wofür du etwas geerntet hast und lege deine Opfergaben beim Baum ab.

Mabon - Sonnenfest

Herbsttagundnachtgleiche - 21. September

Das Licht des Tages nimmt ab. Die Nacht und der Tag sind an diesem Datum wieder gleich lang. Erntedankfest. Abschluss der Ernte, welche von Lughnasad eingeleitet wurde. Abschied vom Sommer. Die Natur macht sich für die dunklere Jahreszeit, die Ruhepause, Ruhezeit der Pflanzen, bereit. Ein traditionelles Mabon Mahl besteht aus Rotwein, Wild und Speisen, welche aus Äpfel zubereitet wurden.
Man überdenkt an diesem Tag, was alles bisher in diesem Jahr geschehen ist. Vorbereitung auf das neue Jahr.

Da nun das Sternzeichen der Waage zu wirken beginnt, welches für Ausgleich und Harmonie steht, sind aktuell Partnerschaft und Beziehung ein Thema. Weshalb sich ein Ritual dafür hervorragend eignet und anbietet.

Die Farben sind braun, orange, grün und violett.
Tarot: Gerechtigkeit

Schmücke deinen Altar in diesen Farben, also in den Farben des Herbstes. Du kannst ihn auch mit den Früchten des Herbstes, wie Nüsse, Weintrauben, Blätter etc., dekorieren. Wenn du räucherst, verwende eine Räuchermischung, deren Duft dir und deiner Seele gut tut. Hast du (noch) keine Lieblingsräucherung, so würde Lavendel auch sehr gut zu diesem Ritual passen.

Entzünde eine grüne Kerze und blicke nach innen. Sieh dir deine Beziehungen an. Damit ist nicht nur die Beziehung zu einem Partner gemeint, sondern zu allen Menschen, mit denen du in näherem Kontakt stehst und auch die Beziehung zu dir selbst. Gibt es etwas, was du ändern möchtest? Es liegt hier der Fokus auf dem Thema der Harmonie. Was kannst du tun, um eine unharmonische Beziehung zu verbessern, zu stabilisieren, auszugleichen? Verzeihen? Vertrauen? Oder beenden? Bedenke, dass du die wichtigste Person in deinem Leben bist. Hast du aktuell Probleme in deiner Partnerschaftsbeziehung und weißt nicht weiter, so schreibe auf einen Zettel die positiven und die negativen Punkte auf. Beispiel: Misstrauen - Vertrauen. Nimm nun eine weitere grüne oder eine weiße Kerze und schreibe oder ritze die positiven Punkte in die Kerze. Entzünde auch diese und denke, während sie abbrennt an das Thema der Harmonie. So wie bei allen Ritualen zum Thema Liebe und Beziehung, unterstützt auch hier ein Rosenquarz. Wenn du deine Beziehung weiterführen möchtest oder dir noch nicht sicher bist, so trage diesen Stein im Anschluss an das Ritual bei dir.
Tipp: Bei einem Streit, lege für einige Tage einen Rosenquarz unter das Bett deines Partners. Die Situation wird sich dadurch wieder rascher harmonisieren.

Rauhnächte

In dieser Zeit hält man Rückschau und bereitet sich auf das neue Jahr vor.
Die Rauhnächte, oder auch Rauchnächte genannt, stellen die zwölf Monate des künftigen Jahres dar. Sie beginnen in der Nacht auf den 25. Dezember, um Mitternacht. Diese besonderen Nächte eignen sich besonders für Vorhersagen, Traumdeutungen und Räuchern des Heims, da in dieser Zeit die Verbindung zwischen dieser und der jenseitigen Welt ungewöhnlich stark ist. Es können außergewöhnliche Dinge geschehen. Diese Nächte stehen für Geistererscheinungen und der Seelenwiederkehr. Es heißt, dass in einer Rauhnacht die Tiere mit den Verstorbenen sprechen können. In dieser Zeit gibt es viele Bräuche und Rituale. In den Rauhnächten gibt es besonders viele Mythen und Legenden. Die magische Brücke zwischen dieser und der Anderswelt endet am 6. Jänner, ebenfalls wieder um Mitternacht (24 Uhr).

Rauhnächte Ritual

Du kannst dieses Ritual nur an einigen Rauhnächten durchführen oder jeden Abend.

Stelle dir eine Räuchermischung zusammen oder kaufe dir eine fertige Mischung. Natürlich sind selbst zusammengestellte Mischungen für eine Räucherung immer intensiver, energievoller und kann sich zudem auch selbst aussuchen, welche Düfte man dabei haben möchte oder welche man einfach nicht riechen kann. Und auch, wenn man eine zusätzliche Unterstützung benötigt, zum Beispiel wenn man extra Schutz (z.B. Weihrauch, Salbei) braucht. Räucherstoffe reinigen das Heim und haben, je nach Räucherstoff, auch antibiotische und antibakterielle Wirkung (Weihrauch, Beifuss etc.).

Während der Rauhnächte geht es um dich, deine Intuition, dein Unterbewusstes und den Zugang zu ihm. Die Räucherstoffe können dir dabei hilfreich und unterstützend zur Seite stehen.

Denke nun an die vergangenen Monate zuruck und fühle in den entsprechenden Monat hinein. Wenn du jeden Abend eine Räucherung machst ergibt dies 12 Räucherungen für die 12 Monate. Beginne beim ersten Monat. Machst du weniger Räucherabende, so teile die Monate auf, so dass du an einem Abend, dich an mehrere Monate zurückerinnerst. Was ist in den jeweiligen Monaten geschehen? Mit welchen Menschen hatte ich Kontakt, wie wurde ich behandelt, wie habe ich die anderen Personen behandelt? Wie waren meine Gefühle? War er ein guter Monat? Habe ich geschafft, was ich mir vorgenommen hatte? Was hätte anders laufen können? Was hätte ich dazu beitragen können, dass es anders oder besser hätte sein können? Stimme dich ein.

Es muss nicht nur mental ablaufen. Du kannst es auch aufschreiben, malen, in einem Lied umsetzen. Oder eben auch in einer Meditation, wenn es dir so lieber ist und es für dich stimmiger anfühlt.

Nun denke an die künftigen Monate. Jeder Monat immer einzeln. Was möchtest du schaffen? Hast du ein bestimmtes Ziel? Welches? Mit welchen Menschen möchtest du deine Lebenszeit verbringen? Hast du einen besonderen Wunsch? Was möchtest du machen? Soll im Mai (Juni, August, Dezember...) etwas Spezielles geschehen oder gemacht werden? Fühle auch hier in dich rein und lasse die Gefühle und die Visionen an die Oberfläche kommen. Bewerte nicht, lass einfach zu, dass, was auch immer nun hervorkommt, etwas ist, was tief in dir verborgen ist. Wenn dir etwas nicht gefällt, ändere es für den entsprechenden Monat. Warum sollst du deine kostbare Zeit mit Situationen vergeuden, welche dir nicht gut tun?

Spüre, fühle, erkenne.

Elemente

Luft

Symbol der Erkenntnis. Es steht für Beweglichkeit. So beweglich wie die Luft, sollen wir im Geiste sein. Die Magie der Luft kann den Geist beruhigen oder oder auch anregen. Es kann wie ein zarter Windhauch wehen oder wie ein Sturm toben. Himmelsrichtung Osten. Männliche Energie. Das christliche Bild eines Engels wurde beinahe ausschließlich von den Luftwesen abgeleitet.

Zuordnungen:

Jahreszeit: Frühling
Magische Gegenstände: Messer, Dolch, Schwert, Feder, Glocke, Flöte
Farben: Weiß, Gelb, Himmelblau, Hellgrün, alle Pastellfarben
Planet: Merkur
Tageszeit: Dämmerung am Morgen
Tarot: Schwert
Sternzeichen: Wassermann, Zwilling, Waage
Edelsteine: Topas
Pflanzen: Lavendel, Baldrian, Eisenkraut
Düfte: Jasmin, Lavendel, Sandelholz
Organ: Lunge
Wesen: Sylphen, Feen, Engel, Geister
Krafttiere: Vögel, Schmetterlinge, Bienen, Insekten
Themen: Phantasie, Lernen, Wissen, Ideen, Neubeginn.
Magische Themen: Abwehrmagie, Wünsche, Visualisation, Divination, Reinigung, Suchtverhalten beenden, Verlorenes wiederfinden, Träume, Veränderung, Levitation, Intuition.
Positiv: Kreativität, Freude, Konzentration, Unabhängigkeit.
Negativ: Unehrlichkeit, Gerüchte verbreiten, emotionslos, Arroganz.

Zauber - Element Luft

Wünsche an die Luftgeister kann man einfach weitergeben, indem man sie in den Wind spricht. Diese tragen sie dann fort, damit sie sich erfüllen können. Als Danke kann man mit einem hellen Glöckchen läuten oder auch eine Feder als Opfergabe zurück lassen.

Man kann auch mit Hilfe des eigenen Atems Kontakt zu den Luftelementen aufnehmen. Atme bewusst ein und aus und stelle dir dabei vor, wie du mit z.B. einer Sylphe in Kontakt trittst, während du sie in Gedanken ansprichst. Sei dabei in einer ruhigen, meditativen Verfassung. Dennoch sollte es einen Hauch von spielerischer Leichtigkeit haben.

Finde deine Kreativität

Gelbe Kerze

Entzünde die Kerze und denke dabei an dein Projekt, dein Vorhaben usw. Da Merkur der entsprechende Planet ist und er den Schalk, Humor und den Witz liebt und für einen Spaß zu haben ist, trage dein Anliegen spielerisch und witzig vor. Dabei aber immer darauf achten, dass man ihm immer den nötigen Respekt entgegenbringt. Wenn deine Wortwahl humorvoll und kreativ vorgetragen wurde, sollten sich schon bald die Erfolge im gewünschten Bereich zeigen. Man hat also schon bald zündende, dienliche und äußerst förderliche Ideen, welche weiterhelfen.

Du kannst dich auch einfach in die Natur begeben, bevorzugterweise auf eine Anhöhe, einen Hügel oder einen Berg. Auch ein Turm wäre ein Idee. Nimm dir einen Schreibblock und einen Stift mit und schreibe das erste Wort auf, dass dir dort einfällt. Es sollte spontan erfolgen. Danach folgen wie von einem Windstoß angestupst die weiteren Wörter und Sätze. Und schon bald entspringt aus deinen Gedanken eine neue zündende Idee.

Feuer

Symbol der Vitalität. Es wärmt, reinigt, energetisiert und steht für die Macht des Willens. Feuer der Leidenschaft. Süden. Männlich.

Zuordnungen:

Magische Gegenstände: Kerze, Stab
Tageszeit: Mittag
Farbe: Rot
Tarot: Stäbe
Sternzeichen: Löwe, Schütze, Widder
Planeten: Sonne, Mars
Edelsteine: Rubin, Karneol, Feueropal
Pflanzen: Pfeffer, Johanniskraut
Düfte: Zimt, Rosmarin, Nelke
Orte: Vulkan, Wüste
Organe/Sinne: Augen/Sehen
Wesen: Salamander (Feuerwesen, hat nichts mit dem Tier Salamander zu tun), Drachen
Krafttiere: Löwe, Feuersalamander, Eidechsen
Themen: Mut, Reinigung, Energie, Begierde
Magische Themen: Stärke, Selbstvertrauen, Reinigung, Mut, Liebe, Sexualität, Aktivität.
Positiv: Stärke, Führung, Leidenschaft, Intuition, Loyalität.
Negativ: Wut, Eifersucht, Sturheit, Überheblichkeit, Aggression.

Zauber - Element Feuer

Kerzenliebe

Kerze, wenn möglich selbst verziert oder eine besonders schöne gekauft

Sieh in die Flamme und sprich sanft, konzentriert und voller Hingabe:

"Göttin der Liebe Venus, Göttin des Begehrens, Gottheit, die Herzen bewegt und verbindet, ich verneige mich und bitte dich, mir zu gewähren, meines Liebsten Liebe. Möge er mir treu an meiner Seite stehen und ewiglich die Sterne in meinen Augen sehen. Sei mir geneigt schöne Venus."

Feuerziel

Hierbei handelt es sich um eine sehr alte Visualisierung. Stelle dir einen großen roten, brennenden Ring vor. Nun visualisiere dein gewünschtes Ziel in die Mitte dieses Ringes. Verharre in dieser Vision, bis das Bild nachlässt und sich auflöst. Freue dich auf die Erfüllung deines Wunsches. Diese Technik hat schon sehr vielen Menschen geholfen, ihr Ziel zu erreichen. Wiederhole die Übung in regelmäßigen Abständen. Hast du noch Probleme mit dieser Visualisierung, stelle dir zunächst nur einen kleinen Ring vor.

Aufgabe: Stelle dir einen kleinen roten Kreis vor. Danach einen größeren Kreis. Variiere in der Größe und dann auch in Formen und Farben (zum Beispiel blaues Dreieck). Lasse die Formen liegen oder horizontal oder senkrecht stehen oder schweben. Nach einigen Übungen sollte man diese auch kreisen lassen können und auf Wunsch brennen lassen (oder auch gefrieren lassen). Übe, spiele, teste und wiederhole, bis du imstande bist, diese Visualisierungen in sekundenschnelle zu praktizieren.

Wasser

Symbol der Gefühle. Unsere Emotionen wie Freude, Liebe, Wut und Trauer werden diesem Element zugeordnet, ebenso wie das Unbewusste. In der Magie steht Wasser für die Intuition, das Gefühl und das Kreativsein, aber auch für das Loslassen. Tageszeit ist der Abend. Man schließt den Tag ab. Westen. Weiblich.

Zuordnungen

Jahreszeit: Herbst
Zeit: Abend.
Magischer Gegenstand: Kelch, Schale
Planeten: Mond, Venus
Sternzeichen: Fische, Krebs, Skorpion
Tarot: Kelch
Edelsteine: Mondstein, Aquamarin, Saphir, Perlen
Düfte: Kamille, Rose

Organe: Nieren, Blase, Lymphen
Farbe: Blau, Grün, Türkis
Naturgeister: Nixen, Undinen, Meer-, Seejungfrauen, Nymphen, Nereiden
Orte: Alle Gewässer
Krafttiere: Fische, Schnecken, Kröten, Delphine, Muscheln
Themen: Liebe, Gefühle, Emotionen, Unbewusstes, Trauer
Magische Themen: Inneres Kind, Telepathie, Gefühle, Liebe, Freundschaft, Vergebung, Gedanken, Mondmagie, Loslassen, Fruchtbarkeit, Familie.
Positiv: Freundschaft, Reinheit, Harmonie, Bewusstheit.
Negativ: Depression, Instabilität, Faulheit.

Zauber - Element Wasser

Um jemanden näher kennenzulernen

Du brauchst

Foto der betreffenden Person
Pflanze (Lavendel, Ringelblume oder Myrte) - du kannst sie auch miteinander kombinieren.
Garn, Bastfaden oder Wolle.

Binde nun das Foto an die Blumen bzw. wickle die Blume(n) um das Foto, denke an die Person, die du kennenlernen möchtest, stelle dir dabei das Treffen vor und wirf nun das kleine Blumen-Foto-Bündel voller Vorfreude lächelnd in ein fließendes Gewässer.

Leidet man unter intensivem *Liebeskummer* und hat man das Gefühl, dass nicht hilft, so lindert der folgender Zauber den Schmerz:

Melissenblatter
Trinkbecher

Suche eine Quelle oder einen Brunnen auf, gib die Melissenblätter in den Becher, fülle ihn mit dem Trinkwasser und sprich folgendes:

“Melisse hilft, Melisse heilt, Wasser lindert, Wasser heilt, mein Kummer vergeht, es eilt. So sei es!”

Trinke aus und gehe nach Hause, ohne dich umzudrehen und ohne ein Wort zu sprechen. Schon bald wird es dir besser gehen.

Erfolgszauber:

Wassermagnetismus

Stelle zwei gefüllte Wassergläser nebeneinander auf. Sie sollten einander nicht berühren, halte etwas Abstand zwischen den Gläsern. Nun reibe deine Hände so lange aneinander, bis sie warm sind (circa 1-2 Minuten). Halte nun deine linke Hand über das linke und deine rechte Hand über das rechte Glas. Konzentriere dich und verharre in dieser Position einige Minuten, bis du das Gefühl hast, dass es genug ist.

Koste nun das Wasser im linken Glas, danach das Wasser im rechten Glas. Schmeckst du einen Unterschied?

Das Wasser im linken Glas sollte nun abgestanden schmecken, das im rechten Glas jedoch herrlich erfrischend. Nun kannst du das belebende Wasser in eine Flasche füllen, damit du bei Bedarf davon trinken kannst. Oder trinke es gleich, wenn du das Gefühl hast, dass du frische und neue Energie benötigst, um deine Reserven wieder aufzufüllen.

Erde

Symbol für die Natur, den Körper, die Nahrung und das Wachstum. Die Erde steht für Geburt und Tod. In der Magie nutzt man sie für Schutz und Materie. Himmelsrichtung Norden. Weiblich.

Zuordnungen:

Magische Gegenstände: Münze, Schale, Pentagramm
Tageszeit: Nacht

Jahreszeit: Winter
Farben: Braun, Schwarz
Planten: Erde, Saturn
Sternzeichen: Steinbock, Stier, Jungfrau
Edelsteine: Bergkristall, Katzenauge, Turmalin
Tarot: Münzen, Scheiben
Organe/Sinne: Tastsinn
Pflanzen: Wurzeln, Efeu, Eiche
Düfte: Pinie, Patchoulie
Orte: Wald, Höhle
Naturgeister: Zwerge, Gnome, Kobolde
Krafttiere: Bären, Murmeltiere, Steinböcke, Kühe, Mäuse
Themen: Wohlstand, Wachstum
Magische Themen: Erdmagie, Heilung, Kräuter, Materialismus, Geld, Fruchtbarkeit, Standhaftigkeit, Bildung, Erfolg, Tod, Natur, Neuaufbau, Schwangerschaft, Erdung.
Positiv: Bildung, Verantwortung, Verbundenheit, Selbstsicherheit.
Negativ: Sauberkeitswahn, Langsamkeit, Materialismus.

Zauber - Element Erde

Schadenabwehrzauber

Roter Stift
Papier
Pfeffer

Schreibe den ganzen Namen der Person, die dir schadet mit dem Stift rückwärts auf ein Papier. Als Beispiel Markus Mustermann = Sukram Nnamretsum. Nun verteile etwas vom Pfeffer auf das Stückchen Papier und falte es so klein wie möglich. Vergrabe den Zettel nun in der Natur in der Erde. Die Person, die dir Schaden zufügen wollte oder Gerüchte über dich verbreitet wird bald verstummen oder bei übler Nachrede wird ihr keine Beachtung mehr geschenkt werden.

Geist/Äther

Symbol für Wandlung, Transzendenz, Veränderung

Äthermagie ist nur für Fortgeschrittene geeignet, für jene, welche bereits die Elementarenergie beherrschen und mit den anderen Elementwesen kommunizieren können.

Der Drache ist das Elementarwesen des Äthers. Er kann sich auf den vier physischen Ebenen der anderen Elemente manifestieren. Also als Luft-, Erd-, Wasser- oder Feuerdrache. Da Drachen zwar weise und großmütig sind, aber auch unberechenbar und oft stärkere Kräfte hervorbringen können, als ein erfahrener Magier sie bändigen kann, werden sie nur sehr selten beschworen.

Aufgabe: Gehe im Wald oder einfach in der Natur spazieren und finde etwas, was die Elemente Luft, Wasser, Erde und/oder Feuer repräsentiert.

Aufgabe: Verbinde dich mit der Natur. Spüre den Boden, den Wind, die Sonne, den Regen. Wie riecht es? Wie fühlt sich der Boden an? Gibt es hier Wasser? Wie fühlt es sich an? Plätschert es? Gibt es Blätter oder Gras? Berühre es. Wachsen hier Bäume? Berühre die Rinde. Ist der Baum hoch? Betrachte ihn. Umarme ihn. Spüre die Energie.

Korrespondenzen der Elemente

Luft:

Weisheit, Konzentration, übersinnliche und geistige Kraft, Visionen, Verstand, Gerechtigkeit, Intellekt, Objektivität.

Feuer:

Mut, Kraft, Lust, Gesundheit, Leidenschaft, Schutz, Reinigung, Sexualität, Instinkt, Veränderung, Wille, Kreativität, Aktivität.

Wasser:

Treue, Liebe, Träume, Reinigung, Harmonie, Heilung, Meditation, Emotion, Psyche, Phantasie, Intuition.

Erde:

Wohlstand, Erfolg, Arbeit, Heilung, Beständigkeit, Fruchtbarkeit, Sicherheit, Selbstwert.

Aufgabe: Sieh dich in deinem Umfeld um, in deinem Zimmer, deiner Wohnung, welche Gegenstände könnten die Elemente darstellen?

Chakren

Kurzer Überblick der Chakren, mit den Hinweisen, wie sich eine Blockade auswirkt und welche Hilfsmittel man zur Unterstützung anwenden kann. Die Hinweise bei den Blockaden erheben keinen Anspruch auf Vollständigkeit und bezeichnen hier nur die geistige/seelische Komponente, die körperlichen Aspekte habe ich hier extra aussen vor gelassen.

Kronenchakra - Höheres Selbst, Selbstverwirklichung, spirituelles Verständnis - befindet sich über dem Scheitelpunkt des Kopfes
Farbe Weiß - Hellviolett

Bei Blockade: Angst Allein gelassen zu werden, geistige Leere, innere Unzufriedenheit, Urvertrauen fehlt, Weltschmerz

Unterstützende Kräfte: Erzengel Metatron, Seraphis Bey, Lady Nada, Saint Germain

Unterstützung und Kräftigung erfährt dieses Chakra durch folgende Ingredienzien:

Heilsteine: Bergkristall, Diamant
Aromen: Rosenholz, Weihrauch
Räucherwerk: Weihrauch, Sandelholz, Myrrhe
Nahrung: Leichte Kost. Obst, Wasser, Nüsse, Tee

Stirnchakra - Drittes Auge, übersinnliche Wahrnehmung, Selbsterkenntnis, Phantasie - zwischen den Augenbrauen
Farbe Violett

Bei Blockade: Keine Verbindung zur Anderswelt, keine Verbindung zum eigenen Inneren, Angst, nicht zu wissen, oft die Fragestellung- Warum, unreflektierte Gedanken, Sorgen, Stress

Unterstützende Kräfte: Erzengel Michael, Seraphis Bey

Heilsteine: Amethyst, Saphir

Aromen: Jasmin, Minze, Zitronengras, Veilchen, Weihrauch, Basilikum
Räucherwerk: Basilikum, Sandelholz, Veilchenwurzel, Pfefferminze, Rosmarin, Jasmin, Weihrauch, Wacholder
Nahrung: Fasten

Halschakra - Ausdrucksform der Seele, Kommunikation, hören der inneren Stimme, Kreativität - auf Kehlkopfhöhe
Farbe Blau

Bei Blockade: Angst, etwas zu sagen, zurückgewiesen zu werden, vermeidet Konfrontationen, kein Zugang zur inneren Stimme, Angst vor Verpflichtungen

Unterstützende Kräfte: Erzengel Gabriel, Orion, Lao Tse, Seraphis Bey, El Morya

Heilsteine: Aquamarin, Türkis, Topas, blau, Opal
Aromen: Eukalyptus, Kampfer, Kamille
Räucherwerk: Salbei, Lavendel, Lorbeer, Sandelholz, Eukalyptus, Weihrauch, Mastix
Nahrung: Flohsamen, Obst, Honig, Hagebutten

Herzchakra - Höhere Liebe, Selbstliebe, Mitgefühl - auf Herzhöhe
Farbe Grün oder Rosa

Bei Blockade: Angst verletzt zu werden, man möchte sein Herz schützen, auch Angst sich zu öffnen, häufiges Suchtverhalten

Unterstützende Kräfte: Erzengel Raphael, Seraphis Bey

Heilsteine: Rosenquarz, Smaragd, Aventurin, Jade, Moosachat
Aromen: Rose, Jasmin
Räucherwerk: Beifuss, Kardamom, Süßgras
Nahrung: Gemüse, Sprossen, Nüsse, Salate, Reis, Kapuzinerkresse, Holunderblüte, Gänseblume, Löwenzahn, Basilikum, Koriander, Petersilie, Rosmarin, Rose, Ringelblume, Obst

Sonnengeflecht oder Solarplexus - Glaubenssätze, Kontrolle, Unterbewusstsein - befindet sich ca 2 fingerbreit über dem Bauchnabel
Farbe Gelb

Bei Blockade: Angst vor Kritik, Wut und auch Angst, die Kontrolle zu verlieren, Kraftlosigkeit, scheut nicht vor Manipulation zurück

Unterstützende Kräfte: Erzengel Chamuel und Uriel, Seraphis Bey, Kuthumi

Heilsteine: Bernstein, Tigerauge, Citrin
Aromen: Kamille, Zitrone, Anis, Grapefruit
Räucherwerk: Nelke, Rosmarin, Kamille, Weihrauch, Sandelholz, Zimt
Nahrung: Pfeffer, Chili, Ingwer, Zimt, Nelken, Fenchel, Anis, Leinsamen, Sonnenblumenkerne, Mais, Hafer, Hirse, Dinkel, Linsen, Kichererbsen

Sakralchakra - Sexualität, Gefühle, Erotik, Kreativität Lebensfreude - befindet sich eine Handbreit unter dem Bauchnabel
Farbe Orange

Bei Blockade: Angst, Gefühle zu zeigen, vor Sinnlichkeit und sich kreativ zu betätigen

Unterstützende Kräfte: Erzengel Michael, Seraphis Bey

Heilsteine: Citrin, Karneol, Mondstein
Aromen: Ylang-Ylang, Sandelholz, Vanille, Orange
Räucherwerk: Styrax, Rosenholz, Angelikawurzel, Myrrhe, Sandelholz, Drachenblut, Weihrauch, Vanille
Nahrung: Apfel, Birne, Aprikose, Melone, Mango, Orange, Granatapfel, Erdbeeren, Kresse, Spinat, Gurke, Radicchio, Brennnessel

Wurzelchakra - Erdung, Vertrauen, Stabilität, Urvertrauen - es befindet sich auf der Höhe des Steißbeins, am unteren Ende der Wirbelsäule.
Farbe Rot

Bei Blockade: Angst vor Veränderung, oft Mangel an Familienzugehörigkeit, Phobien, Existenzängste, Misstrauen, Depressionen, mangelnde Energie und Lebensfreude

Unterstützende Kräfte:Erzengel Uriel, Seraphis Bey, Lady Nada

Heilsteine: Blutjaspis, Onyx, Granat, rote Koralle, Rubin, Hämatit, Rhodonit
Aromen: Rosmarin, Ingwer, Zeder, Kampfer, Weihrauch
Räucherwerk: Moschus, Sandelholz, Vetiver, Patchouli
Nahrung: Rote Rüben, Kartoffeln, Rettich, Radieschen, Kohlrabi, Hülsenfrüchte, Nüsse, Tofu, Sesam

Aufladen/Entladen

Je nachdem, um welches Teil es sich handelt, kann man auch verschiedene Varianten wählen.

Heilsteine kann man zur *Reinigung* bzw. zum *Entladen* in Salz legen, mit Hämatitsteinen bedecken oder unter lauwarmes Wasser halten.

Auch mittels Visualisation kann eine Entladung erfolgen. Warum sollte man etwas wieder entladen wollen? Zum Beispiel weil man etwas unpassend formuliert hat. Oder es sind noch fremde Restenergien vorhanden. Manchmal möchte man auch einfach, dass ein Zauber wieder unwirksam werden.
Gerade bei gekauften Dingen, auch bei Heilsteinen, sollte man diese vorher auf "neutral" stellen, also von eventuellen negativen Energien befreien, damit man diese mit der eigenen bzw. positiven Energie aufladen kann.

Eine *Aufladung* kann durch Mondlicht erfolgen. Man legt dafür das aufzuladende Teil in der Nacht ins Fenster, damit es vom Mondlicht erfasst wird. Oder vom Sonnenlicht. Auch hier kann eine Aufladung erfolgen. Effektiver ist diese Art bei strahlendem Sonnenschein, wo das Teil direkt beschienen wird. Vorsicht bei Gegenständen aus Wachs oder anderen Materialien, welche schmelzen, oder das Aussehen oder die Farbe darunter leiden könnten.

Mittels Räucherung kann sowohl eine Reinigung, als auch eine Aufladung erfolgen. Das Objekt wird dazu einfach durch den Rauch gezogen. Du kannst auch mittels einer Feder den Rauch zum Gegenstand fächeln. Gilt natürlich auch, wenn der Gegenstand aufgeladen werden soll.

Es ist auch möglich, die Hände über den Gegenstand zu halten und die Energie einfach fließen zu lassen. Dabei kann man einen Spruch, ob traditionell oder selbst erdacht, sprechen.

Auch kannst du mental aufladen, also mittels Visualisation. Dafür sollte man mental aber schon etwas geübter sein, damit man die Konzentration auf den Fokus halten kann.

Ebenso wie man mit Heilsteinen entladen kann, kann man mit ihnen auch aufladen. Zum Beispiel mit Amethyst oder Bergkristall. Dafür bedeckt man das Objekt mit einem oder mehreren Ladesteinen für ungefähr 1 Stunde.

Es ist wirklich nicht so schwer und man kann wenig falsch machen.

[redacted]

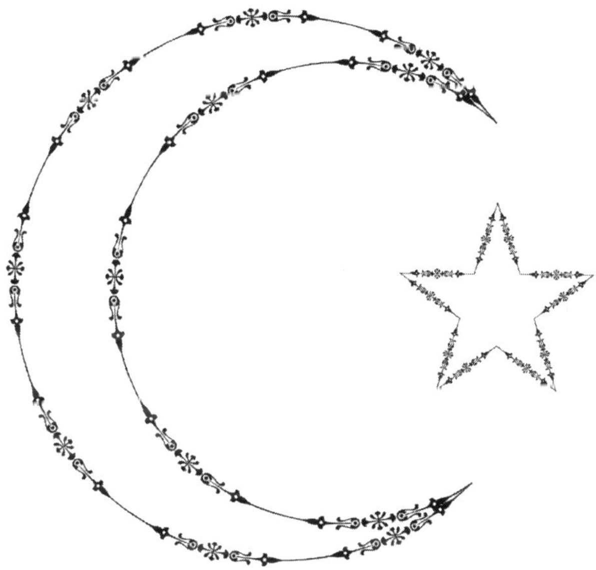

Mondphasen

Dunkelmond (Neumond) bis zum zunehmenden Mond

Diese Mondphase ist in der Magie für alle Zauber geeignet, welche etwas Neues beginnen, etwas aufbauen, wachsen und vergrößern lassen sollen. Ebenso ist diese Zeit ideal für Schutzzauber. Die Dunkelmondphase bezeichnet die ersten 3 Tage nach einem Neumond.

Zunehmender Mond

Zeit für Rituale, wo man rasche Ergebnisse und schnelle Erfolge sehen will. Dies betrifft alle Wachstumszauber, ob Schutz, Wohlstand oder Liebe. Magische Utensilien, Amulette und dergleichen werden in dieser Zeit aufgeladen. Die letzten drei Tage vor dem Vollmond sind für diese Zauber und Aufladungen besonders gut geeignet.

Vollmond

Zeit für dich. Optimal um Schutzgeister und die Anderswelt zu kontaktieren. Zeit für Meditationen, Entspannung und Regeneration. Träume können intensiver und farbenfroher sein.

Abnehmender Mond bis zum Dunkelmond

In dieser Zeit praktiziert man alle Rituale, welche dazu dienen, Dinge und Situationen, die einem nicht gut tun, zu entfernen. Dazu gehören Liebeskummer, schlechte Gewohnheiten, Süchte, Krankheiten. Loslassen (auch von Verstorbenen) und Abschließen der Vergangenheit fällt in dieser Zeit um einiges leichter. Zusätzliche Effektivität erreicht man durch die entsprechenden Rituale. Kraftvollster Zeitpunkt sind hier die letzten Stunden vor dem Neumond - Dunkelmond.

Hinweis: Benötigt man *dringend* ein Ritual oder einen Zauber und ist es so eilig und dringend, dass man damit nicht bis zur passenden Mondphase warten möchte, kann man es jederzeit durchführen. Da immer die Dringlichkeit vor einer Mondphase, sowie allen anderen Analogien Priorität hat.

Zauberspruch schreiben

Die Diskussionen diesbezüglich, welche Zauber kraftvoller sind, jene, welche über Generationen hinweg wiederholt von magisch Praktizierenden genutzt und gesprochen wurden oder jene, welche die eigene, persönliche Energie inne haben. Wo das eigene Herzblut (nicht wörtlich genommen) und die Gefühle miteingebracht und die Worte individuell angepasst wurden.
Dafür sollte man natürlich die Analogien beherrschen, Elemente kennen, Mondphasen, Kräuter usw.

Wie schreibe ich einen Zauberspruch?

1.) Was willst du mit dem Zauber erreichen?

2.) Wann soll das Ritual stattfinden? Bei welcher Mondphase?

3.) Achte darauf, dass du alles vorbereitet hast, was du dafür benötigst. Utensilien, Kerzen usw. Nichts ist störender und energieauflösender, (und natürlich auch nervig), als dass man mitten im Ritual davon eilen muss, um Streichhölzer oder Kerzen zu suchen.

4.) Verstehe die Magie. Erkenne, dass Gedanken eine Energieform sind und dass du mit Magie die Energie manipulieren kannst. Bei Visualisierungen verstärkt man diese Energie und kann sie auch kontrollieren. Werde dir darüber klar, was du wirklich willst.

5.) Schreibe dir alles auf, was dir zum Zauber einfällt. Du kannst die Worte in Reimform zu Papier bringen, ist aber kein Muss. Oft ist ein Reim einfach ein Weg, damit man sich die Wörter besser merken kann. Dies steigert die Energie. Oder auch ein Mantra ist denkbar, also ein stetig sich wiederholender monotoner Singsang. Bleib kreativ.

6.) Bedenke - was immer du aussendest, es kommt zu dir zurück. Das mit dem 3-fach Gesetz halte ich persönlich zwar für etwas übertrieben, Fakt ist jedoch, dass alles was man aussät auch wieder erntet. Hell wie dunkel. Weiß wie schwarz. Gut wie böse.

7.) Vergiß Schadenszauber. Dies kann leicht nach hinten losgehen. Und dann können dir auch nur sehr selten andere Menschen aus der Misere helfen, also lass es! Siehe Punkt 6!

8.) Wichtig: Schutz! Mit jedem Ritual beschwört man Kräfte, die außerhalb unserer normalen Welt liegen und es kann sein, dass auch andere Energien mitkommen möchten. Um dir zu schaden, sich an dich zu klammern oder einfach aus Jux und Tollerei. Während eines magischen Rituals ist man um einiges offener, und genau diese Momente werden von anderen Wesen gerne ausgenutzt, um die Grenze zu überwinden. Vergiss also nicht den Schutzkreis.

9.) Bist du sehr unsicher oder sogar ängstlich, bitte deinen Schutzengel um Unterstützung. Du kannst auch deinen Geistführer, dein Krafttier oder einen lieben Verstorbenen um Hilfe bitten. Wenn du allerdings Schweißausbrüche und Panikattacken vor einem Ritual hast, so verschiebe es und mache es zu einem anderen Zeitpunkt. Du bist dann enorm anfällig für negative Energien (manche Wesen lieben so eine Energie, suhlen sich darin und werden im wahrsten Sinne des Wortes, davon regelrecht angezogen). Und dann bekommst du mehr destruktive als positive Energien und auch Ergebnisse. Die Geister, die man rief...hat man dann unter Umständen in der Wohnung und wird sie nicht mehr los. Respekt ist gut, Panik ist schlecht.

10.) Meditiere! Reinige und kläre deinen Geist und fokussiere deine Gedanken.

11.) Beginne mit kleinen Ritualen um die Wirksamkeit und deine Kraft zu prüfen. Zur Überprüfung von Erfolgen oder Misserfolgen notiere sie. Siehe nächsten Punkt.

12.) Erstelle ein Buch der Schatten. (BdS oder BoS = Book of Shadows). Darin schreibt man seine Zauber, die Rituale und seine Gedanken auf. Hilfreich wäre auch die Zeit, wann man den Zauber praktiziert hat und das Datum, wann er sich erfüllt hat (oder vielleicht eben auch nicht).

Aufgabe: Schreibe einen einfachen Zauberspruch.

Buch der Schatten

Dies ist ein leeres! Notizbuch in dem man seine eigenen Gedanken, Rituale, Zaubersprüche und Sigillen schreibt. Bei einem Zauberspruch oder einer Sigille ist es natürlich von Vorteil, wenn man nach einiger Zeit nachlesen kann, ob es funktioniert hat. Rituale, welche man praktizierte, werden eingetragen, um zu sehen, welche effektiv und welche eher nicht so stark oder nicht gewirkt hatten. So geht man den eigenen magischen Weg und kommt Stück für Stück voran. Es werden hier *keine* Sprüche und Reime aus Fernsehserien eingetragen. Diese entsprechen nicht der Realität und sind einzig und allein für die Zuschauerquoten und nicht für den Erfolg eines Rituals zuständig und schon gar nicht für die eigene Weiterentwicklung auf der magischen Ebene.

Das Buch der Schatten kann man natürlich auch ohne weiteres im Computer anlegen. Ich persönlich bevorzuge ein Buch, welches ich in den Händen halten kann. Aber das ist nur meine eigene persönliche Ansicht, ebenso, wie ich lieber eine gedruckte Buchausgabe, als eine digitale Version lese.
Das Buchcover kannst du ebenfalls selbst gestalten und auch bei dieser kreativen Handlung bringt man seine Energie mit ein. Lass deiner Kreativität hier freien Lauf. Besonders praktisch finde ich auch, wenn es sich bei deinem Grimoire um einen Binder handelt, einen Ordner oder ähnliches, wo man Seiten hinzufügen kann, wenn man mehr dazu schreiben möchte. Bei einem gebundenen Buch ist es ja so, dass man etwas notiert und auf der nächsten Seite oft das nächste Thema. Einige Zeit später fällt einem zum vorigen Thema aber noch etwas ein oder hat eine neue Erfahrung gemacht. Man kann natürlich auch einige Seiten frei lassen oder es im Anschluss dazu schreiben. Aber erstens weiß man ja nie, wie viel noch dazu kommt und andererseits, wenn man einige Themen hat, welche man im ganzen Buch immer wieder aufteilen muss, ist dies auch nicht so extrem praktisch und irgendwie auch etwas unübersichtlich. Jedoch würde es dadurch aber einen ganz eigenen Charm erhalten. Aber das muss jeder für sich selbst entscheiden. Und im Laufe der magischen Ausbildung wird man ohnehin mehrere Bücher, in welcher Form auch immer, benötigen. Also teste es einfach aus, was für dich am besten passt.

Das Buch der Schatten sollte man nicht offen in der Wohnung liegen lassen, wo es für jedermann einsehbar ist. Es sollte auch nicht im kleinen Kreis gezeigt werden (auch nicht der besten Freundin). Es ist dein ganz persönliches Schattenbuch. Was du allerdings noch machen kannst, ist, deine Gedanken und Zauber, welche du notierst, in Hexenschrift einzutragen. Damit könnte es auch kein Außenstehender lesen, selbst wenn es jemand ungewollt finden sollte.

Buch der Schatten = BdS = BoS (Book of Shadows) = Grimoire (aus dem französischen - eine Art Anleitung).

Inhaltsvorschläge eines persönlichen Grimoires:

Mondphasen
Bräuche
Zaubersprüche
Astrologische Sternzeichen, Zeichen und Kurzform der Bedeutung
Runen, Zeichen und Bedeutungen
Eigene Gedanken
Magische Songtexte, auch gerne selbst geschriebene
Gottheiten, Namen, Bedeutungen, Zuordnungen
Heilsteine, Halbedelsteine - Aussehen, Bedeutung
Tarotkarten, Bedeutungen, Legesysteme
Heilkräuter, Beschaffenheit, Wirkung; Pflanzen könnten auch getrocknet und eingeklebt werden,
Analogietabellen (Planeten, Farben etc.)
Rituale, Aufbau, Ablauf
Verbesserungen
Sigillenerstellung, Erfahrungen mit Sigillen
Rezepte für Tee (oder auch Salben)
und was dir sonst noch dazu einfällt.

Es gibt hierfür keine starre Vorgabe. Arbeite ganz nach deinem Gefühl. Du kannst das Buch formlos erstellen, oder so ähnlich wie hier mit einer extra Auflistung bei den einzelnen Themenbereichen. Du kannst sie auch kombinieren.
Auch könntest du mehrere, verschiedene Bücher anlegen. Zum Beispiel ein Buch, wo du nur deine Pflanzen hinein gibst, ein Buch, nur für Zaubersprüche, ein Buch nur mit den verschiedensten Tabellen,

welche für dich persönlich wichtig sind, ein Rezeptbuch, ein Tagebuch deines eigenen Fortschrittes, ein Buch nur für deine Erfahrungen mit Tarotkarten oder dem Pendel usw. Du siehst, es sind dir absolut keine Grenzen gesetzt. Die Gestaltung bleibt ganz alleine dir überlassen.

Bei Bedarf und nach Gefühl:
Erfinde deine eigene geheime Hexen- bzw. Magierschrift.

Schutz

Visualisiere, wie du dich in einem Ei oder einer Kugel aus Licht befindest. Das Licht ist weiß, strahlend und fungiert als eine Schutzhülle. Wenn du dich darin befindest, können dich weder negative Energien noch störende Einflüsse erreichen. Im Gegenteil, da du nun von Licht umhüllt wirst und dadurch die Aura auch mit Licht aufgeladen wird, hat es auf dein Sein eine Heilwirkung. Gute und positive Energien können auch ungehindert durch die Hülle zu dir finden. Diese Schutzhülle kannst du dir vor jedem Ritual aufbauen, dich aber auch täglich, oder wenn du besonderen Schutz benötigst darin einhüllen.

DIY

Zauberstab

Wie bereits erwähnt, gibt es diverse Hilfsmittel. Beispiel Zauberstab. Wenn man sich keinen, oft sehr teuren, Zauberstab anschaffen, aber dennoch einen haben möchte, so kann man sich leicht einen selbst machen. DIY kommt aus dem englischen und bedeutet Do it yourself, bedeutet einfach, dass man sich selbst Dinge erschafft. Hört sich das nicht auch schon wieder wunderbar magisch an? ;-) Dabei lässt man nicht nur die Kreativität, sondern auch sehr viel von der eigenen Energie miteinfließen. So entsteht ein kraftvolles und mächtiges Werkzeug. So etwas kann man nicht kaufen. An dieser Stelle ein kleiner Tipp: Wenn du Hilfsmittel kaufst, bitte vor Gebrauch immer erst reinigen. Damit meine ich nicht von Staub zu befreien, falls dies notwendig ist, sondern auch spirituell reinigen. Durch Räuchern, Heilsteine, mental usw. Bei einem Kauf achte darauf, dass der Gegenstand, soweit möglich, nicht aus einem Second Hand Laden oder vom Trödelmarkt stammt. Bei aller Liebe und dem Gedanken der Nachhaltigkeit, worauf ich in meinem Leben sonst sehr darauf achte, bei magischen Werkzeugen macht man sich damit keinen Gefallen. Es kann sein, dass vom Vorbesitzer noch heftige und stark negative Energien daran haften und zwar so klebend, dass man sie auch mit sämtlichen Reinigungsritualen nicht wegbekommt. Von daher bei magischen Utensilien bitte immer neu kaufen oder eben selber machen :-) Aber genug geschwafelt, nun zum Erstellen eines Zauberstabes.

Erschaffe deinen eigenen magischen Zauberstab

Es ist ganz einfach. Und es gibt auch vielerlei Möglichkeiten. Ich stelle dir nun einige sehr einfache vor, welche entweder ganz natürlich oder mächtig und beeindruckend aussehen oder eine Kombination sind.

Du brauchst:

einen Holzstab, Ast. Er sollte zwar schon ziemlich gerade gewachsen sein, kann aber durchaus etwas wellig sein. Wie es dir gefällt und was du im Wald findest. Sollte kein Wald oder etwas Natur in unmittelbarer Umgebung zu finden sein, so kannst du auch einen kleinen Stock in einem Geschäft kaufen. Zur Not tut es auch ein Kochlöffel aus Holz oder ein Besen, mit einem Holzstiel, der dann etwas abgesägt wird. Hast du jedoch die Möglichkeit, so nutze einen Teil eines Haselnussstrauches. Er steht für Schutz. Allerdings kannst du auch Holunder, Fichte, Linde, Kiefer, Wacholder, Ahorn, Buche und das Holz eines Tannenbaumes verwenden. Auch sie haben die Kraft, schutzenergetisch zu wirken.

Und wenn du möchtest, kannst du diesen Stab bereits so verwenden. Ohne, dass du daran noch irgendetwas veränderst oder hinzufügst. Einfach und dennoch mächtig.

Bei einer anderen Variante benötigst du zum Stab noch

Heißklebepistole samt Heißklebestifte
Farbe, bevorzugterweise in braun, du kannst natürlich aber auch jede andere Farbe verwenden. Acrylfarben sind dafür sehr gut geeignet.

Du lässt den Kleber heiß werden und umwickelst den Stab mit einer Spirale. Beginne mittig und drehe den Stab bis du an der Spitze angekommen bist. Achtung heiß! Lasse ihn ganz abkühlen und bemale ihn dann komplett mit der Farbe, so dass man den Heißkleber nicht mehr vom Stab unterscheiden kann. Verwendet man verschiedene Brauntöne, so wirkt es natürlicher. Wer möchte, kann da auch Dekosteine mit einbauen. So bekommt es einen Hauch wie aus einem Märchen. Aber wenn möglich, sollte es dann nicht in leuchtendem rosa Glitzerstaub erstrahlen. ;-)

Eine andere Möglichkeit wäre, wenn man den Stab mit einem Heilstein oder einem Kristall versieht. Effektiv, sowohl im Aussehen, als auch in der Wirkung, sind beispielsweise Bergkristall oder Rosenquarz. Dazu wickelt man den Heilstein mit einem Draht auf die Spitze des Stabes fest. Man kann ruhig einige Male herum wickeln, es soll schließlich ja auch halten und sich nicht beim ersten Ritual aus dem Staub machen. Je nach Zauber ist auch darauf zu achten, welchen Stein man am Stab befestigt. Bergkristall geht eigentlich beinahe immer. Rosenquarz könnte man dagegen nicht unbedingt bei jedem Ritual einsetzen (Rosenquarz = Liebe, Romantik, Beziehung, Harmonie). Aber du könntest ja auch mehrere Zauberstäbe erstellen, und diese mit anderen Steinen bestücken.

Ein Zauberstab ist als Erweiterung der eigenen Person zu sehen. Er lenkt die Energie. Man kann ihn auch mit Runen, Ornamenten und Schutzzeichen versehen (aufmalen oder einritzen), welche spezielle Kräfte lenken.

Die Herstellung an sich sollte in meditativem Zustand erfolgen oder in spielerischer Form, nicht den Hintergrund vergessend. Nach Fertigstellung des Werkzeuges wird es geweiht und wenn möglich nun für eine Weile in Ruhe gelassen, damit die angerufenen Kräfte wirken können. Bei Bedarf eines Rituals wird das magische Werkzeug wieder hervorgeholt und die Energien in seinem Inneren werden nun entfaltet.

Der Prozess der Herstellung, das Material, das Ritual der Weihe, die Ornamente und Schutzzeichen, all dies entscheidet über die Fähigkeit eines Werkzeuges der Magie.

Magischer Spiegel

Einen magischen Spiegel oder Schwarzspiegel verwendet man, um Kontakt mit der Anderswelt aufzunehmen bzw. um in die Zukunft sehen zu können.

Es gehört zum Bereich Kristallomantie, wo eine spiegelnde bzw. sich reflektierende Fläche als Medium für künftige Deutungen dient. Dies können auch Metall, Glas, Wasser, Edelsteine oder auch Blut sein. Man könnte also auch ganz leicht ein Medium herstellen, indem man eine Schale mit Wasser aufstellt.

Kristalloskopie wird das Verfahren genannt, indem man konzentriert auf eine spiegelnde Oberfläche oder glänzenden Gegenstand sieht und so Visionen herausfordert. Im Idealfall wird der Betrachter in einen tranceartigen Zustand versetzt. Aus dem Unterbewusstsein steigen Bilder auf, welche zur Selbsterkenntnis bestimmter Fragen genutzt werden könnten.

Man benötigt:

einen kleinen Bilderrahmen, welche man überall zu kaufen bekommt, das wichtige daran ist das Glas.
Glas- oder Acrylfarbe, schwarz.
bei Bedarf, Dekomaterial zum Verzieren.

Bei meinem Youtubevideo zur Herstellung des magischen Spiegels habe ich einfach Acrylfarbe genommen. Es ist günstig und trocknet rasch. Man zerlegt einfach den Bilderrahmen, als ob man ein Foto einlegen würde und streicht das Glas mit schwarz. Auch bei der Acrylfarbe wird man wahrscheinlich einige Male drüber streichen müssen. Aber ich glaube nicht, dass es öfter als dreimal sein muss. Gut durchtrocknen lassen und wieder zusammenbauen. Wer möchte, kann nun den Rahmen außen, bevorzugterweise auch in schwarz (oder man malt auch diesen selbst an), mit dunklen, schwarzen Elementen verzieren. Zum Beispiel mit schwarzen Stoffrosen. Oder man streicht auch hier Dekoelemente in schwarz. Man kann dafür absolut alles verwenden, was einem gefällt. Jedoch sollte man darauf achten, dass es sich hierbei nicht um glänzende Gegenstände handelt. Diese würden nur zusätzliche Reflektionen hervorrufen und so vom eigentlichen magischen Spiegel ablenken. Die Dekoelemente können mit Bastelkleber oder um absolut sicher zu sein, dass es auf Dauer gut hält, mit Heißkleber befestigt werden.

Und wie bereits erwähnt, kann man auch einfach eine Schüssel mit Wasser aufstellen. Für einen erleichterten Einstieg wäre eine schwarze Schüssel von Vorteil. Es genügt eine einfache Glas- oder Plastikschüssel, sie erfüllt aber denselben Zweck.

Man konzentriert sich solange auf die glänzende Fläche, bis Visionen auftauchen. Der Erfolg ist von der eigenen Konzentrationsfähigkeit abhängig. Anfangs sieht man oft nur Farben oder schemenhafte Umrisse. Auch hier gilt, Übung macht den Meister. Je öfter man übt, umso klarer werden die Visionen und die Bilder. Oder wer möchte, kann mit einiger Übung auch Kontakt zu Geistwesen aufbauen. Übe dich in Geduld.

Nochmals zur Wiederholung: Weder das eigene Spiegelbild noch eine andere Lichtquelle darf während der Konzentration auf der Spiegelung zu sehen sein, da es zu sehr ablenken würde und man nicht mehr in die Tiefe sehen könnte.

Man sollte jedes magische Hilfsmittel vor der ersten Benutzung reinigen und weihen (bzw. aufladen). Wenn der Spiegel aber vom Adepten selbst erstellt wurde, sind hier seine persönlichen Energien schon sehr gut verankert. Zusätzlich kann man den Schwarzspiegel durch eine Räucherung (z.B. Salbei oder Weihrauch) ziehen. Reinigung und Schutz. Bei der Wasserschüssel ist dies nicht notwendig. Dies gilt nur für magisches Werkzeug, welches man immer in Benutzung hat.

Nach Gebrauch bedecke den Spiegel mit einem dunklen Tuch und lasse ihn bitte nicht herumliegen. Besucher sollte ihn weder sehen und schon gar nicht berühren. Das Medium ist nun auf deine Energie ausgerichtet. Andere Menschen haben andere Energien.

Zum Aufladen kann man den schwarzen Spiegel auch ins Sonnen - oder Mondlicht legen. Bitte gerade bei Sonnenlicht, darauf achten, dass das Auftreffen der Sonnenstrahlen, keine gebündelte Kraft weiter leitet und etwas entzündet.

Schale

Eine Schale als Symbol für das Element Wasser, kann man ganz einfach aus Ton oder Fimo formen. Wer möchte, kann sie auch mit Ornamenten verzieren. Fimo ist eine Knetmasse, welche man im Ofen für circa 20 Minuten bei 110 Grad backen muss, damit sie härtet. Es gibt aber auch lufttrocknende Knetmassen. Oder versuche dich an Ton, Gips oder auch Beton. Man kann auch eine bereits bestehende Schale mit Dekoelementen verzieren. Optimal wäre es, wenn die Schale, welche an sich ja bereits für das weibliche Prinzip, das Element Wasser steht, konkret auch Wasser aufnehmen könnte. Ist aber auch kein Muss, da ja jedes magische Werkzeug ja ein Hilfsmittel ist und einen symbolischen Wert darstellt - auch ohne Inhalt.

Runenset
Suche dir zunächst einen Baum. Besonders geeignet sind dafür Weide, Buche oder Esche. Suche einen Ast, der bereits am Boden liegt oder bitte den Baum, einen Ast absägen zu dürfen. Bekommt man ein Nein, so lässt man es und sucht sich einen anderen Baum. Bekommst du ein Ja, hinterlasse dem Baum eine kleine Opfergabe als Danke. Nachdem du den Ast abgesägt hast, bestreiche die Schnittstelle, die frische Baumwunde, mit deiner Spucke und visualisiere an dieser Stelle grünes Licht. Der Baum heilt dann schneller. Lasse das Holz nun trocknen. Dies kann ein Weilchen dauern. Schneide es dann in kleine Scheiben, schleife sie etwas und ritze oder brenne die Runenzeichen ein. Du kannst sie auch aufmalen. Danach werden die Runen geweiht und eventuell mit Holzöl bestrichen. Möglich ist es auch, die Holzscheiben mit Hollersaft oder schwarzem Tee zu färben. Statt der Scheiben aus Holz kann man auch 24 kleine Äste nehmen und die Runen einritzen oder aufmalen.
Natürlich kann man auch andere Materialien verwenden, wie Steine, Muscheln...oder man kann die Runen auch aus Ton oder Knetmasse herstellen.

Danach bewahrt man die Runen in einer schönen Tasche, einem schönen Beutel auf. Auch dieser könnte selbst genäht oder geklebt werden.

Sigillenmagie

Vielleicht hast du davon schon mal etwas gehört. Weißt nun aber nicht so richtig damit etwas anzufangen. Viele denken auch, dass es extrem kompliziert ist - hört sich doch schon so an. Etwas hochmagisches nur Hohepriestern und Hohepriesterinnen vorbehalten. Bei weitem nicht. Gerade für Neueinsteiger und Anfänger in diesem Bereich, kann es eine tolle Methode sein, um erste Erfolge zu erzielen. Je nach Motivation, Energie und Stimmigkeit ist es oft sehr kraftvoll und vor allem sehr effektiv.

Wie mache ich das nun?

Als erstes nimm einen Satz mit den wichtigsten Wörtern deines Wunsches. Du wünscht dir zum Beispiel - Nette Nachbarn - oder dass du die Prüfung in Mathe bestehst, oder du möchtest eine neue Wohnung.
Beispiele: Beim Wunsch von netten Nachbarn, wähle einfach die Wörter: Nette Nachbarn.
Bei der Prüfung könntest du folgendes auswählen: Mathematik Prüfung Erfolg.
Bei der Wohnung, einfach Wohnung oder auch schöne Wohnung.

Nun nimm, um beim Nachbarsbeispiel zu bleiben, welches man übrigens sehr oft im Netz zu lesen bekommt - eben diese Wortkombi. Ich wähle nun mit Absicht dieses Exemplar, da es sich dadurch vielleicht noch leichter in die Erinnerung einprägt.
Schreibe also diese beiden Wörter auf, also

NETTE NACHBARN

nun streiche jeden Buchstaben durch, den es doppelt gibt.
Übrig bleibt in diesem Fall: NETACHBR

Nun verbinde diese Buchstaben in einer Figur miteinander, aber so, dass sie miteinander verbunden sind. Eine Beschreibung als Video gibt es auch auf meinem Kanal 1000 Interessen - Serie und Playlist: Hexen lernen - Folge: Sigillenmagie. Jedoch ist es natürlich keine

Voraussetzung, das Video anzusehen, um diese besondere Form von Magie zu verstehen.
Du wählst also einfach positive Wörter aus, also ohne einer Verneinung, ohne das, was du nicht möchtest, sondern jene, was du dir wünscht. Einige meinten, dass man dies deshalb machen sollte, weil das Unterbewusstsein die Wörtchen nein, kein, nicht - nicht verstehen würde. Das ist Unsinn! Unterschätze dein Unterbewusstsein nicht, es versteht absolut alles was du sagst und denkst. Jedoch ist es so, dass die Energie der Aufmerksamkeit folgt. Das bedeutet, wenn du also deine Energie darauf richtest, was du nicht möchtest, wird sie sich dort bemerkbar machen und du erreichst damit das Gegenteil von dem was du dir wünscht. Bei einer Autofahrt oder einer Reise wünscht man sich ja auch nicht, dass man keinen Unfall hat (natürlich hofft man dies, definiert es jedoch anders), sondern, dass man heile ankommt.

Du kannst es ausmalen, verzieren, ganz wie du möchtest, mit Kringel, Blüten, Ornamenten oder auch ohne. Du kannst auch extra Symbole hinzufügen. Wichtig dabei ist, dass man die ursprünglichen Buchstaben und somit auch den Anfangssatz in keinster Weise mehr erkennt. Nun kommt auch oft die Aussage, dass man den Wunsch jetzt vergessen soll. Etwas, was in meinen Augen ziemlich schwierig ist, wenn nicht zu sagen, unmöglich. Denn, wenn man einen Wunsch hat, möchte man ja auch, dass er sich erfüllt. Und oft geht es dabei nicht nur um kleinere Wünsche, sondern um Herzenswünsche. Und wie soll man einen Wunsch, der von Herzen kommt, der vielleicht das ganze Leben verändern könnte, der Tag und Nacht im Kopf kreist, vergessen? Eben! Was damit gemeint ist, dass man ihn loslassen soll. Na super! Was soll ich mir nun darunter vorstellen?

Exakt so, als wenn man bei einer Internet- oder Katalogbestellung, etwas ordert. Man gibt die Bestellung auf und wartet nun in Vorfreude darauf, dass es eintrifft. Du rufst nicht dauernd dort an und fragst nach, ob die Bestellung kommt, wann sie kommt, auf welchem Weg sie zu dir findet. Du weißt!! einfach, dass sie den Weg zu dir finden wird. Egal wie! Und wann! Du lässt einfach los, und vertraust darauf.

So solltest du auch den Wunsch deines Sigillenzaubers sehen. Der Wunsch wird sich erfüllen, jedoch bleibt das Wann und das Wie den Göttern überlassen. Das Wie solltest du absolut nicht beeinflussen wollen. Um beim oben genannten Beispiel zu bleiben: Wenn du den Wunsch der netten Nachbarn ausgesprochen hast, wirst du nette Nachbarn bekommen. Jedoch musst du darauf gefasst sein, dass die Energie ihren eigenen Weg, die Gottheiten ihren eigenen Kopf haben. Und die Möglichkeiten sind vielfältig. Die Nachbarn könnten ausziehen. Du könntest im Lotto gewinnen und kaufst dir woanders eine Villa. Die Nachbarn könnten im Lotto gewinnen und sich woanders eine Villa hinstellen oder auswandern. Der Nachbar bekommt einen anderen Job und zieht in eine andere Stadt. Du verlierst deinen Job und musst eine kleinere oder günstigere Wohnung mieten, wo du allerdings nun nette Nachbarn hast. Ziehen deine aktuellen Nachbarn aus und es folgen neue Besitzer oder Mieter, werden sie aber nett sein. Musst du jedoch aus welchen Gründen auch immer, deine Zuhause wechseln, hast du an deinem neuen Wohnort auch andere, nettere Nachbarn. Du siehst, die Möglichkeiten sind mannigfaltig. Und dies ist nun nur ein kleiner Ausschnitt, von dem, was sein könnte. Also überlege gut, was du dir wünschst, es könnte in Erfüllung gehen. Eine Aussage, welche du vielleicht schon mal gehört oder gelesen hast, bisher damit aber nicht viel anfangen konntest.

Gut, nach der Erstellung der Sigille kommt nun der nächste wichtige Schritt. Die Art des Zaubers, wie sich die Energie auf den Weg machen soll. Bei zum Beispiel wirkt das Element des Feuers sehr stark. Auch sehr rasch. Mit einem Feuerzauber hatte ich eine Wohnung innerhalb kürzester Zeit erhalten. Sogar zweimal (und nein, mein Wunsch war hier nicht nette Nachbarn, obwohl dies einmal auch nicht so verkehrt gewesen wäre ;-)), sondern eben eine andere Wohnung. Und es war mehr als faszinierend zu sehen, auf welche verschlungenen Pfaden sich die Energie den Weg bannte. Etwas, was Monate zuvor bei Bekannten geschehen war (sie sahen sich damals eine Wohnung an, nahmen sie aber nicht, aufgrund fehlender baulicher Maßnahmen), kam nun ins Rollen. Die Besitzer der neuen Wohnung suchten die damaligen Interessenten auf jede nur erdenkliche Weise. Fanden den ehemaligen Arbeitsplatz, den ehemaligen Wohnort und schließlich führte eines zum anderen. Doch die damaligen Interessenten war nicht mehr interessiert, sie hatten, das für sie optimale Zuhause gefunden, obwohl nun alle baulichen Maßnahmen in der angesehenen Wohnung gerichtet worden waren (neue Fenster, neue Heizung usw.). Und schließlich kam diese Info zu mir. Und es war sehr rasch. Aber hätte man diesen Weg in einem Buch oder einem Film beschrieben, hätte jeder Leser, jeder Zuseher, das Buch zur Seite gelegt oder den Fernseher ausgeschaltet. Zu unwahrscheinlich und zu unglaubwürdig wäre diese Geschichte angekommen. Doch das reale Leben hat oft noch viel mehr bieten, als alle Hollywood Filme zusammen.

Wähle das für dich stimmige Element. Dabei kannst du nach den Sternzeichen gehen oder auch einfach nach Gefühl.

Bei *Feuer* schreibst du die Sigille auf einen kleinen Zettel und verbrennst ihn einer feuerfesten Schale. Während der Rauch aufsteigt, bedanke dich, für die Erfüllung deines Wunsches und *wisse*, dass er sich erfüllt. Sieh dem aufsteigenden Rauch nach. So wie er gen Himmel steigt, so lässt du deinen Wunsch löst und der Zauber kann zu wirken beginnen.

Bei *Wasser* wirf einen kleinen Zettel in ein fließendes Gewässer. Du kannst die Sigille aber auch auf ein Blatt oder eine Blüte malen. Sieh zu, wie es davon treibt und bedanke dich.

Bei *Erde* vergrab deine Sigille. Sobald sie sich zu zersetzen beginnt, beginnt sich der Wunsch zu manifestieren.

Bei *Luft* kannst du das Stückchen Papier in kleine Konfettis zerschnippeln, in die Lüfte werfen und zusehen, wie der Wind sie davon trägt. Bei diesem Ritual ist es also gut, wenn zumindest ein kleines Lüftchen weht. Du kannst es auch mit den Elementen des Feuers kombinieren, da ja der Rauch auch vom Element der Luft getragen wird.

Du kannst es aber auch ganz anders "verschwinden" lassen, indem du beispielsweise ein Kuchenstück mit Zuckerguss verzierst und es aufisst.

Wichtig ist immer die Absicht, das Loslassen, das Wissen und das Bedanken!

Divination

Wahrsagekunst, Vorhersagen, Ahnung, Prophezeiung

Beim Deuten der Zukunft gibt es die unterschiedlichsten Methoden. Ich habe hier die bekanntesten und gebräuchlichsten aufgelistet.

Kristallkugel

Bei Kugeln aus Glas, als auch bei Spiegeln beim Reinigen bzw. Aufladen durch Licht, immer auf die Brennwirkung achten. Kristallkugeln nie unbeaufsichtigt in das pralle Sonnenlicht stellen. Bei Nichtgebrauch mit einem dunklem Tuch abdecken. Manche Hexen decken es aber auch nur dann ab, wenn sie Besuch bekommen. Das kannst du halten, wie du möchtest. Zumindest, sollte es aber kein Besucher, auch nicht die engsten Freunde oder Familienangehörige, die Kristallkugel oder den magischen Spiegel berühren, was im Übrigen, bei allen persönlichen, magischen Werkzeugen gilt. Doch bei den Spiegeln und bei Glas, sollte auch niemand anderer hineinsehen.

Pendeln

Mit Hilfe eines Pendels kann das Medium Antworten bekommen. Der Zustand sollte dabei konzentriert und gleichzeitig entspannt sein. Da man durch unwillkürliche Muskelzuckungen das Pendel beeinflussen kann, sollte der Geist frei und der Frage gegenüber neutral gegenüber stehen. Ausgependelt kann wirklich alles werden. Von Ja - Nein Antworten, bis zu Lebensmittel, welche einem nicht gut tun, ist alles möglich. Die komplexeren Antworten erhält man, indem man Antworttafeln verwendet bzw. erstellt. Das Pendel gibt die Antwort. Man kann leicht selbst ein Pendel erstellen. Das einfachste ist mit einem Ring oder einer Nadel und einem Faden. Es muss nicht unbedingt ein teurer Ornament mit einem Edelstein sein. Allerdings gibt es auch schon günstige Heil- bzw. Halbedelsteinpendel.

Weitere sind Bleigießen, Münzen werfen, eine Karte ziehen und mehr. Es gibt auch sehr ausgefallene, wie z.B dass eine Hebamme aus dem Bauchnabel und der Nachgeburt weissagt und auch sagen kann, wie viele Kinder die Mutter noch gebären kann (Umbiliconmantie), aber dies brauchen wir hier weniger.

Spiegelhören ist eine sehr unbekannte, dennoch sehr einfache und effektive Methode, um eine Vorhersage zu erhalten. Dafür nimmt man einen kleinen Spiegel, drückt diesen zu sich, an den Oberkörper, schließt die Augen und hört nun in sich. Das Allererste, was man zu hören bekommt, ist das Zeichen für die Zukunft.

Astrologie

Aus dem Verlauf der Himmelskörper kann man die Richtung des Weges erkennen, welche der Mensch einschlägt.

Runen

Ein Set aus 24 Steinen mit alten Schriftzeichen von den Germanen abstammend.

I Ging

Chinesisches Münzorakel

Zigeunerkarten

Kartenset, welches ursprünglich bevorzugt von Zigeunern verwendet wurde.

Tarotkarten

Bibliomantie

Mit Hilfe eines Buches wird vorhergesagt. Umgangssprachlich nennt man es auch Buchstechen. Man nimmt ein Buch, es muss nicht die Bibel sein, wie man vom Namen der Bibliomantie vielleicht ableiten und annehmen könnte, stellt sich eine Frage - Keine Ja oder Nein - Frage, schlägt eine Seite auf und zeigt mit dem Finger blind auf eine Stelle. Diese Stelle ist die Antwort auf deine Frage.

Gottheiten

Hier nun die wichtigsten bzw. bekanntesten Gottheiten. Aus verschiedenen Kulturen. Bedenke jedoch, dass, bevor du einen Gott oder eine Göttin anrufst, du dich vorher bitte etwas mit dieser Gottheit beschäftigst. Sie soll dir ja wohl und freundlich gesinnt sein, und dir entgegenkommen, dich unterstützen und deinen Wunsch erfüllen.

Amor

Liebe - Sohn der Venus, Göttin der Liebe, römisch

Amun

Fruchtbarkeit - ägyptisch

Anubis

Tod - Sohn von Nephtys und Osiris. Anubis wiegt die Herzen der Verstorbenen.

Aphrodite

Liebe, Schönheit - Tochter von Dione und Zeus; in einer anderen Version entstand sie aus Meeresschaum, als sich die Meeresgischt mit dem Blut von Uranos vermengte, griechisch

Apollon

Heilkunst, Orakel - Zwilling von Artemis. Sohn von Leto und Zeus, griechisch

Ares

Krieg - Sohn von Hera und Zeus, griechisch

Artemis

Tiere, Keuschheit, Jagd - Tochter von Zeus, Zwilling von Apollon, versteht sich mit Männern nicht gut, da sie diese für die Wehen der gebärenden Frau verantwortlich machte, griechisch

Athene

Handwerk, Weisheit, Krieg - sie trat heraus, als Hephaistos Zeus den Kopf abschlug, da dieser von extremsten Kopfschmerzen heimgesucht wurde. Athene erschien daraus mit Kriegsrüstung und als erwachsene Person, griechisch.

Bastet

Liebe, Lust - Kopf einer Katze, Gutmütigkeit, ägyptisch.

Belenus

Licht - Gott des Lichtes, eher unbekannt, keltisch

Brahma

Existenz - Geist der Welt, vedisch

Brigit

Schmiedekunst, Heilkunst - Schutzherrin und Prophetin der Druiden, irisch, keltisch

Ceres

Ackerbau - römisch

Cerridwen

Erkenntnis - keltisch

Demeter

Ackerbau - Tochter von Zeus (und Rheia), griechisch.

Diana

Jagd, Fruchtbarkeit - sie wacht über Quellen und den Flüssen, römisch

Dionysos

Wein, Wahnsinn, Fruchtbarkeit - Sohn von Zeus (und Semele), griechisch

Epona

Pferde, Fruchtbarkeit - oft reitend dargestellt oder/und auch mit Füllhorn; gallische Gottheit, keltische Göttin der Fruchtbarkeit, römische Göttin der Pferde, römisch, keltisch, gälisch.

Eros

Liebe - wird oft mit Pfeil und Bogen dargestellt (Liebe: goldne Pfeile, Hass: eiserne Pfeile), griechisch

Freya

Liebe - Höchste der Walküren, nordisch germanisch

Frigga

Glück im Haus, Fruchtbarkeit - Frau von Odin, Seherin, Wissen vom Schicksal, nordisch germanisch

Gaia

Erde, Fruchtbarkeit - Große Mutter allen Lebens, Mutter der Titanen, Lebensbewahrerin, griechisch

Hades

Unterwelt - Herrscher des Totenreiches, griechisch.

Hathor

Musik - Tochter des Re; Schutz für Sterbende, ägyptisch

Hekate

Magie, Überfluss - Titanin, griechisch.

Helios

Sonne - griechisch

Henwen

Erde - Naturgöttin, Midgard

Hephaisto

Feuer, Schmiedekunst, Handwerk - Sohn von Zeus und Hera, griechisch

Hera

Ehe - Frau und Schwester von Zeus, griechisch

Hermes

Diebstahl, Handel, Reise - Sohn von Zeus, Götterbote, Begleitung der Verstorbenen in die Unterwelt, griechisch

Isis

Mutterschaft, Ehe, Magie - ägyptisch

Janus

Beginn und Ende, Zwei Seiten - römisch

Jupiter

Gerechtigkeit - ist gleichzusetzen mit Zeus aus dem griechischen, römisch

Kali

Leben und Tod - Ehefrau von Shiva, Schwarze Mutter = vernichtende und schöpferische Energien, vedisch

Kronos

Ehrgeiz - Kind von Uranos und Gaia, griechisch

Luna

Mond, Liebe, Jagd - Schutzgöttin der Jagd und der Liebe, 31. März = Jahrestag, römisch

Manitou

Natur, Leben - Quelle der Existenz, Herr des Lebens, Grosser Geist, indianisch

Mars

Krieg - Sohn von Juno, römisch

Meredith

Chaos, Liebe - Göttin der Liebe und des Chaos, europäisch

Merkur

Handel, Kommunikation - römisch

Minerva

Wissenschaft - römisch, gleichzusetzen mit Athene (griechisch) als auch
Heilkunst und Handwerk - Schutzpatronin der Heilquellen, Hauptgottheit, keltisch

Nemesis

Rache - Bestrafung von Unrecht und Mangel an Sittsamkeit, sowie Selbstüberschätzung, griechisch

Neptun

Meer - Sohn von Saturn, römisch

Odin

Krieg, Weisheit - Ehemann von Frigga, Allvater, Höchster Gott (Asen - in der nordischen Mythologie gibt es zwei Geschlechter der Gottheiten - Wanen und Asen), nordisch

Osiris

Tod - Herrscher über das Totenreich, ägyptisch

Pan

Natur, Wald - Hirtengott, Mischwesen: Unterkörper Ziegenbock, Oberkörper Mensch, griechisch

Pluto

Unterwelt - Herrschaft über die Unterwelt; ursprünglich für Erdreichtum, Erdschätze und Getreide, römisch

Poseidon

Gewässer - griechisch

Quetzalcoatl

Weisheit - Gründungsgott, wohnt auf der Venus, Aussehen einer gefiederten Schlange, aztekisch

Re

Sonne - Vater aller ägyptischen Götter, ägyptisch

Saturn

Symbole - Urgott, römisch

Seth

das Böse, Chaos - ägyptisch

Shiva

Zerstörung - vedisch

Soma

Orakel, Mond - vedisch

Teutates

Stammesvater - Stammesgott, Vater des Stammes, keltisch, gälisch

Thor

Donner, Krieg - Sohn von Odin, besitzt einen magischen Hammer - Mjölnir (Schutz), nordisch germanisch

Uranos

Sterne - Ehemann von Gaia, griechisch

Venus

Liebe - entspricht Aphrodite (griechisch), römisch

Zeus

Blitz, Gesetz - zeugte mit Sterblichen und Göttinnen etliche Kinder, griechisch

Symbole

"MAN KANN EINEN MENSCHEN NICHTS LEHREN,
MAN KANN IHM NUR HELFEN,
ES IN SICH SELBST ZU ENTDECKEN."

Galileo Galilei
(1564 - 1642), *italienischer Mathematiker, Philosoph und Physiker*

Bekanntestes und sehr kraftvolles Symbol ist das *Pentagramm* als Schutz- und Bannzeichen. Negative magische Einflüsse können damit abgewehrt werden. Die eigene Spiritualität wird durch das Pentagramm gefördert.

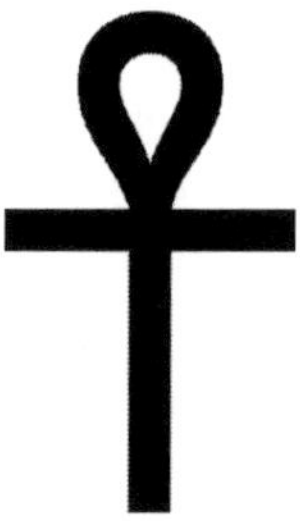

Das *Ankh* ist eine ägyptische Hieroglyphe und bedeutet Leben. Dieses Zeichen steht für Lebenskraft sowie für Steigerung der Gesundheit. Es ist ein Schutzzeichen mit einer starken ausgleichenden Ausstrahlung. Als Amulett ist es sehr beliebt, wo es für ewiges Leben steht.

Das *Auge des Horus* kommt aus der ägyptischen Mythologie und stellt ein Falkenauge dar. Aufgrund des geöffneten Auges verhindert das Symbol negative Beeinflussungen der eigenen Persönlichkeit, des eigenen Willens und der Gesundheit. Es ist ein Schutzzeichen für die Wiederherstellung der körperlichen Gesundheit, sowie der Unverletzlichkeit (körperliche Ebene).

Yin - Yang ist ein Symbol aus China. Yin stellt das weibliche Prinzip dar, Yang das männliche. Sie ergänzen einander und wirken ausgleichend. Selbst in der Akupunktur wird es unterstützend eingesetzt. Zudem wirkt das Zeichen harmonisierend und hilft auch als Kräfteausgleich bei Partnerschaftsproblemen.

Das *Om* Zeichen entstammt dem Hinduismus. Optimal zum meditieren, da seine Schwingung disharmonische Zustände entfernt. Bereits durch die Aussprache dieser Silbe, regt man im Körper die Nervenzentren im positiven Sinn an.

Das *Triskel* wird gerne mit der keltischen Mythologie in Verbindung gebracht. Es entstand jedoch bereits in der Steinzeit. Das Triskel ist ein uraltes, magisches Symbol. Es steht für den Lebensweg, für die Zahl 3, für Körper, Geist und Seele; Geburt, Leben, Tod; Erde, Wasser, Luft als auch für die Vergangenheit, Gegenwart und die Zukunft. Das magische Symbol wendet Böses ab und bietet Schutz vor Unglück.

S	A	T	O	R
A	R	E	P	O
T	E	N	E	T
O	P	E	R	A
R	O	T	A	S

Das Sator Quadrat beinhaltet folgende Wörter in Latein - Sator, Arepo, Tenet, Opera, Rotas. Das magische Quadrat ist ein Satzpalindrom, das bedeutet man kann es rückwärts, vorwärts, vertikal und horizontal lesen (früheste Überlieferung aus dem 1. Jhdt).

- „Sämann“
- keine bekannte Bedeutung in dieser Schreibweise
- „hält“
- „Werke“ oder „mit Mühe“

- „Räder“

Starker Schutz - im Eingangsbereich offen oder versteckt angebracht (versteckt bevorzugt), schützt es das Heim vor bösen Besuchern. Niemand, der einem Böses wünscht, negative Gedanken hat oder Neid im Herzen trägt, kommt nun über die Türschwelle.

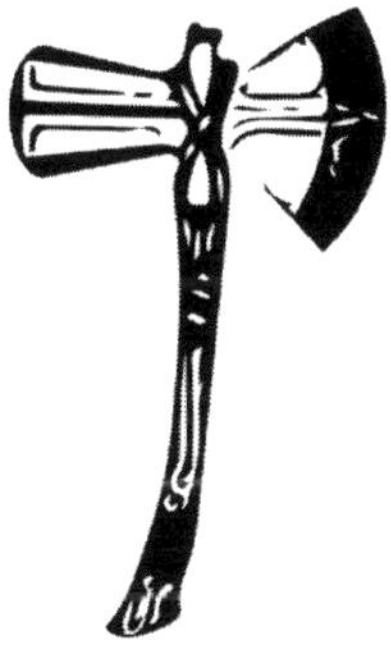

Thors Hammer, oder auch Mjölnir genannt, bedeutet soviel wie Blitz. Es ist der magische Hammer von Thor (germanischer Gott des Donners, Beschützer der Menschen und der Erde). Thors Hammer steht für Schutz, Kraft, Mut, innere Stärke und energische Tatenkraft.

Der Hammer kann auf unterschiedliche Weise dargestellt werden, oft genügt als Symbol des magischen Hammers ein einfacher Hammer. Thors Hammer hat die gleiche Funktion wie das Pentagramm und ist für all jene Personen geeignet, welche unkompliziert und dennoch kraftvoll unter starkem Schutz stehend, magisch tätig sein möchten. Muss es sehr rasch gehen, kann man dies noch effizienter darstellen.

Indem man einfach 2 Linien setzt. Einfach einen Strich von oben nach unten ziehen und dann unten von links nach rechts.

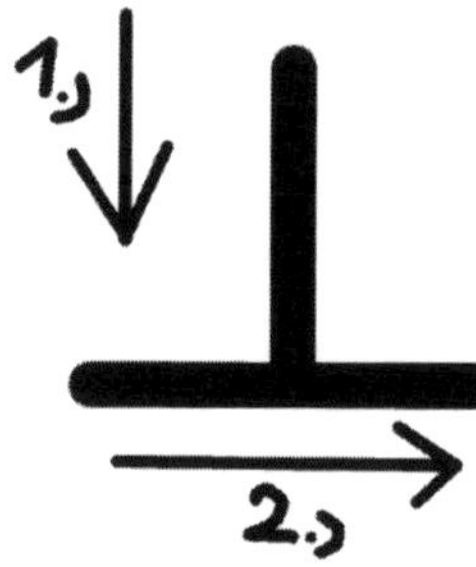

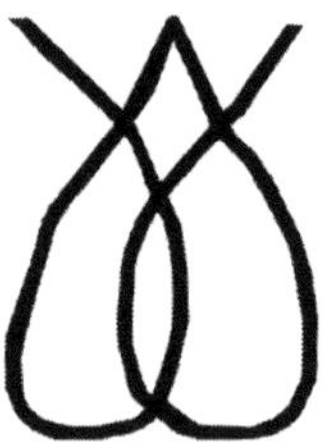

Die *Freya Fackel* ist in der germanischen Tradition eines der größten Schutzsymbole. Es steht für unendlichen Schutz und Kraft. Das Symbol zieht positive Kräfte an und wehrt Negatives ab. Freya ist die Göttin der Liebe, Fruchtbarkeit, der Familie und der Zauber und Magie, aber sie hat auch Macht über Zerstörung und über den Tod. Ihre Fackel bedeutet Reinigung, Liebe, Feuer, Erleuchtung, sowie auch Tod und Wiedergeburt.

Die linksdrehende Spirale zerstreut Energien und löst diese auf. Dabei denkt man sich das Negative in die Spirale. Hilft bei Krankheiten; durch einen Spiralwirbel kann man diese aus dem Körper herauswirbeln lassen. Dazu setzt man die Spirale direkt beim Krankheitsherd an und führt ihn drehend aus dem Körper heraus. Mit dieser Methode kann man den gesamten Körper behandeln. Man beginnt dabei bei den Beinen und endet am Kopf, wobei die Spirale den ganzen Körper einschließt. Mit Hilfe des mentalen Wirbels kann man Krankheiten linksdrehend herausleiten.

Zudem kann man die Spirale auch zur Verteidigung verwenden. Visualisiere dabei, wie du den Angreifer von den Füßen bis zum Kopf eindrehst. Dabei siehst du vor deinem inneren Auge, wie die Kraft deines Gegners schwächer wird und sich schließlich auflöst. Gerne lässt diese Person von dir ab, wenn sie merkt, wie ihre Kräfte schwinden.

Die rechtsdrehende Spirale verstärkt magische Arbeiten und Wünsche.

Heilsteine

Türkis, starker Schutzstein, hilft bei Umweltgiften und negativen Energien. Es heißt, wenn Gefahr droht, verfärbt er sich. Da der Stein bei einem Unfall brechen kann, ihn bitte danach erneuern.

Azurit-Malachit, Hüter der Menschen, der Tiere, der Natur, Schutzstein der Erde. Stimmungsausgleichend, entgiftend.

Schneeflocken Obsidian, Schutzstein, hilft bei Traumata, durchblutungsfördernd, Spiegel für Andersweltreisen.

Onyx, wird oft wegen seiner schwarzen Farbe als Unglücksstein angesehen. Lindert Kummer und beseitigt böse Träume.

Achat, starker Schutz auf Reisen, Glücksbringer, bringt Sicherheit und Geborgenheit.

Amethyst, starker Schutzstein, gegen Süchte, fördert klare Gedanken, stoppt Ängste und Grübelneigung, hilft bei Kopfschmerzen und Schlafstörungen, wirkt beruhigend.

Lapislazuli, Schutzstein, Himmelsstein, bringt Frieden, Liebe, Weisheit. Stein der Freundschaft.

Bergkristall, Schutz vor allem Bösen, Mut, Weisheit und Treue in der Liebe, wirkt unterstützend bei Meditationen.

Pflanzen in der Magie

Ahorn: Langes Leben, Geld, Liebe

Aloe: Schutz

Alraune: Hexenwurzel, Aphrodisiaka

Ananas: Glück, Keuschheit

Angelikawurzel: Heil- und Schutzräucherung. Unterstützt bei Entscheidungsschwäche, um standhaft zu bleiben und bei geistiger Stärke.

Apfel: Liebe, Heilung

Banane: Wohlstand, Potenz, Fruchtbarkeit

Basilikum: Zieht magisch an, und zwar alles, was uns "reich" fühlen lässt. Egal ob Geld, Liebe, Harmonie oder Zufriedenheit. Sympathie.

Bärlauch: Hilft bei Entgiftung. Entschlackt und hilft bei Hautkrankheiten. Den "wilden Knoblauch", wie er auch genannt wird, unterscheidet sein Geruch (siehe Name) von den giftigen Herbstzeitlosen bzw. den Maiglöckchen. Bitte dennoch immer vorsichtig sein und sich vergewissern, dass, wenn man das Kraut selbst sammelt, es sich auch tatsächlich um die richtige, ungiftige Pflanze handelt. Gesammelt werden die Blätter im April, Mai, noch bevor die Pflanze in Blüte steht.
Hat man einen sehr empfindlichen Magen, so übergieße die kleingeschnittenen Blätter mit warmer Milch, lasse es zwei Stunden ziehen und trinke es in kleinen Schlucken.

Beifuss: Hexenkraut - Schutz gegen Dämonen, reinigt die Seele, wärmt, durchblutungsfördernd, erleichtert den Zugang zum Unbewussten. Wenn man Beifuß neben dem Bett platziert, sorgt es dafür, dass man sich an seine Träume erinnert.

Blaubeere: Schutz
Bohne: Hilft gegen Warzen. Liebe, Schutz.

Brennessel: Entschlackend, blutreinigend (als Tee). Zu Unrecht oft nur als Unkraut angesehen. Für Unempfindliche bei Rheuma: wenn man sich mit einer frischen Brennessel abreibt.

Curry: Schutz

Dill: Schutz, Liebe, Geld

Drachenblut: Harz, welches aus den Früchten des Drachenbaumes gewonnen wird. Schadensabwehr. Vorsicht, Verbrennungsgefahr, da es Feuer entfachen kann. Da es alles fördert, was feuriger Energie bedarf, ist es für alle Zauber geeignet, die den gewissen Funken benötigen. Auch für Liebeszauber in Kombination mit Rosenblättern und Sandelholz wunderbar geeignet.

Erbsen: Liebe, Geld

Erdbeere: Glück, Liebe, Leidenschaft

Eukalyptus: Heilung, Schutz

Farn: Glück, Gesundheit, Wohlstand, Schutz

Feige: Fruchtbarkeit

Gewürznelken: Schutz, Geld, Liebe

Himbeere: Liebe, Schutz

Ingwer: Verleiht einem Zauber Nachdruck und kann zu raschen Ergebnissen führen. Doch manchmal sind die Ergebnisse vorschnell (bitte berücksichtigen, es sei denn, man möchte etwas nur von kurzer Dauer haben). Erfolg, Geld, Macht, Liebe.

Johanniskraut: Gegen Angstzuständen und Depressionen, bei Schuldgefühlen.

Kamille: Reinigung, Heilung, Ausgleich, Schutz, Schlaf, Liebe

Kastanie: Liebe

Knoblauch: Schutz, Heilung

Kohl: Glück

Koriander: Gesundheit, Heilung, Schutz

Kümmel: Schutz, Diebstahlschutz

Lavendel: Schutz, Schlaf, Harmonie, Liebe, Ausgleich, Frieden, Glück, langes Leben. Geister - und Dämonenabwehr.

Linde: Schutz, Heilung

Lorbeer: Kraftvolle Schutzpflanze. Schutz, Reinigung, Stärkung, Heilung. Mit Lorbeer kann man falsche Freunde von echten unterscheiden. Verhilft zu Glück und Erfolg.

Löwenzahn: Blutaufbauend, blutreinigend. Die frischen Blätter kann man frisch essen. Ebenso wie die Stängel des Löwenzahns. Die ganze Pflanze besitzt Heilkraft. Sie hilft bei Gallenbeschwerden und Problemen mit der Leber. Auch ist die Pflanze, vor allem die Stengel, hilfreich, wenn man zuckerkrank ist. Dabei sollte man täglich 6-10 Blütenstengel essen und zwar solange der Löwenzahn blüht. Wurzel und Blätter kann man als Salat ebenfalls frisch genießen. Allgemein gilt, dass man die Wurzeln im Frühjahr und im Herbst, die Blütenstengel während der Blüte und die Blätter vor der Blüte sammelt. Wer sich dauermüde und abgeschlagen fühlt, kann auch eine Kur von 2 Wochen bzw. 3 Tagen mit den frischen Blütestengeln machen. Sehr gute Wirkung. Der Löwenzahn hilft zudem auch bei Hautproblemen, reinigt den Magen und regt das schmerzlose Lösen von Gallensteinen an.

Entgiftungskur

Grabe den Löwenzahn mit der Wurzel aus, wasche alles ab, schneide es klein und übergieße es mit 1 Liter kochendem Wasser. Lasse das Ganze nun circa 8 Minuten ziehen. Seihe es ab und trinke es vor dem Frühstück.
Nun wird mit den Pflanzenteilen ein zweiter Aufguss mit einem neuen Liter Wasser gemacht, wieder 8 Minuten ziehen lassen und bis spätestens Mittag trinken. Hinweis: Stark harntreibend.
Da die Löwenzahnkur stark reinigend wirkt, wäre es gut, wenn man in dieser Zeit auf Kaffee verzichtet, da dies den Effekt mindern würde. Doch keine Sorge, auch der Löwenzahn ist ebenfalls sehr kreislaufanregend. 3 Tages Kur - in dieser Zeit sollte man sich für sich selbst Zeit nehmen und Stress vermeiden. Kur von drei Tagen bis auf 2 Wochen verlängerbar.

Tee: Ein gehäufter Teelöffel mit Löwenzahnwurzel wird über Nacht in ein Glas Wasser gegeben und diese Mischung am nächsten Tag kurz aufgekocht. Nun das Ganze abseihen und circa 30 Minuten vor dem Frühstück und 30 Minuten nach dem Frühstück, mit kleinen Schlucken trinken.

Mais: Geld, Schutz

Majoran: Schutz, Glück, Wohlstand, Gesundheit

Mandeln: Wohlstand, Geld, Klarheit

Minze: Schutz, Heilung, Geld, Reiseschutz

Mistel: Schutz, Gesundheit, vertreibt Negatives, Liebe

Muskat: Geld, Glück, Treue, hilft bei schlechten Träumen, Gesundheit. Wenn man in der Familie die Verständigung und das Verständnis untereinander und füreinander stärken möchte.

Myrrhe: Antibakteriell, verringert Narbenbildung. Bei Reinigungsritualen

Nüsse: Wohlstand, Erfolg, Glück, hilft bei Kinderwunsch, unterstützend in der Kommunikation

Olive: Schutz, Heilung, Frieden, Lust

Petersilie: Schutz, Reinigung

Pfeffer: Verleiht einem Zauber Nachdruck, Schutz, bannt Negatives.

Pfirsich: Liebe, Romantik, Lust, Fruchtbarkeit, Wunscherfüllung

Reis: Schutz, Fruchtbarkeit, Geld

Rhabarber: Treue, Schutz

Rose: Liebe, Romantik, Schutz, Heilung. Blut der Venus.

Rosmarin: Fördert das Gedächtnis, Liebe, Schutz, Schlaf, Heilung

Salbei: Kraftvolle und sehr starke Schutzpflanze und zur Reinigung (Räucherung). Hilft um höhere Bewusstseinszustände zu bekommen.

Sandelholz: Heil- und Schutzräucherung, Trance, Meditation.

Salz: Bindet und löst negative Energien.

Senf: Gibt Energie, verstärkt den Ehrgeiz. Schutz

Sonnenblume: Weisheit, Lebensfreude, Heilung, Gesundheit, Wunscherfüllung.

Thymian: Schutz, Heilung, Mut, Schlaf, Reinigung.

Teufelsdreck: Fluchabwehr, Schadenszauber.

Vanille: Liebe, Romantik, Lust, Klarheit.

Veilchen: Schutz, Spiritualität

Wacholder: Fluchabwehr, gegen negative Kräfte

Weintraube: Schutz, Geld, Fruchtbarkeit

Weizen: Geld, Fruchtbarkeit

Zeder: Reinigung, Heilung, Schutz, Geld, Abwehr

Zimt: Perfekt für Liebeszauber. Zudem sorgt Zimt für schnellere Ergebnisse der Rituale. Schutz, Heilung, Spiritualität, Macht.

Zitrone: Reinigung, Freundschaft

Zwiebel: Geld, Heilung, Schutz, Geborgenheit.

Ylang Ylang: Aphrodisiaka, wirkt sehr stark im emotionalen Bereich.

Knotenmagie - Bindezauber

Man unterscheidet die Magie den Bindens und die Magie des Freigebens. Beim Bindezauber wird die Energie durch die Knoten gebunden. Beim Freigeben wird die Energie beim Knüpfen der Knoten freigesetzt und durch das Aufmachen des Knotens wieder aufgehoben. Im Gegensatz zum Bindezauber, wo die Energie beim Lösen des Knotens wieder freigesetzt wird.

Man kann in der Knotenmagie einfach knoten, ohne dafür ein spezielles Ritual entwerfen zu müssen. Allerdings kann man es auch mit Sprüchen kombinieren. Diese werden gesprochen, während man die Knoten knüpft.

Treuezauber Knotenmagie

Auch wenn man für Knotenzauber nicht viele Zutaten benötigt, so ist er dennoch ein sehr effektiver und kraftvoller Zauber. Einfach in der Anwendung, aber wirkungsvoll im Ergebnis.

Stoffband oder Faden. Die Farbe bestimmst du, indem du wählst, wie dein Wunsch aussehen soll. Wünscht du dir generell Treue als Basis, so wähle die Erde. Gab es schon einen Seitensprung und du sehnst dich nach Heilung, so wähle das Element und die Farbe des Wassers. Möchtest du dich mental von der Affäre oder dem Seitensprung des Partners loslösen und die immer wiederkehrenden Gedanken stoppen, so wähle das Luftelement. Für mehr Sinnlichkeit und Leidenschaft kommt natürlich nur das rote Feuerelement in Frage. Wünscht du dir mehr Spiritualität zwischen euch - so wähle die Farbe des Äthers. Knüpfe pro Zeile einen Knoten.

Dabei sprichst du:

“ Ich knüpfe und knote,
für Treue und Liebe,
so bleibt er/sie treu,
die Liebe bleibt wie neu.”

Eine andere Variante ist jene, dass man die Schur, natürlich in der passenden Farbe, in der Hand hält, sich konzentriert und visualisiert. Stelle dir deinen Wunsch vor und fühle, dass er sich bereits erfüllt hat. Am Höhepunkt der Energie bindest du den Knoten. Trage das Band bei dir, bis sich der Wunsch erfüllt hat. Manche meinen, dass man nach der Erfüllung des Wunsches das Band vergraben oder verbrennen sollte. Mit dem Knoten. Ich bin jedoch der Ansicht, dass man den Knoten danach wieder auflösen sollte. Keine Angst, deshalb kehrt sich das Ergebnis ja nun nicht in das Gegenteil. Aber was gebunden wird, muss auch wieder gelöst werden. Der Wunsch hat sich ja nun bereits erfüllt.

Farbmagie

Auch hier gilt, dass man immer auf das eigenes Gefühl achten sollte. Dennoch möchte ich eine kleine Hilfestellung zur Verfügung stellen, da man gerade am Anfang ein wenig unsicher ist, was die Farbauswahl betrifft. Die Farbmagie an sich ist einfach und unkompliziert. Man benötigt nicht viele Zutaten. Schnell ist ein Farbstift gefunden, eine Kerze entzündet (bei Kerzen gilt übrigens - weiß passt immer) oder ein Tuch aufgelegt.

Sollte dir also eine Farbe bei einem Ritual widerstreben, so nimm jene, welche sich für dich stimmig anfühlen. Energien, welche Disharmonien erzeugen können, führen nicht zum gewünschten Ergebnis.

Weiß - Schutz, Reinigung, Wahrheit, Himmelsrichtung Osten, Ersatz für alle anderen Farben oder wenn man unschlüssig ist, welche Farbe man verwenden soll.

Silber - Entfernung von negativen Energien, schneller Erfolg, Geld, Mondmagie

Lavendel: Hilfe für andere und um das eigene höhere Selbst zu rufen

Violett - Schutz, Kraft, Kontakt zu Geistern, Symbolzauber, spirituelle Entwicklung, Wissen, Meisterschaft, Kontrolle

Blau - Schutz, Schlaf, Harmonie, Heilung, Frieden, Weisheit, Glück, innere Ruhe, Wahrheit, Macht. Himmelsrichtung: Westen.

Hellblau - Meditation, Gelassenheit

Dunkelblau - Vertrauen, Unterstützung, Entspannung, besonders gut geeignet um Mitgliedern in der Familie zu helfen

Braun - Kontakt zur Erde - Erdung, materieller Wachstum, Finden von verlegten und verlorenen Dingen, Freundschaft, häusliche Harmonie und Frieden, guter Ausgang bei Gerichtsverhandlungen, gegen Ängste

Rosa: Freundschaft, Romantik, Harmonie, häuslicher Frieden, Zuneigung.

Rot - Macht, Wille, Liebe, Wut, Romantik, Leidenschaft. Himmelsrichtung: Süden

Magenta - für alle Ritualzauber mit hoher spiritueller Kraft

Orange - Veränderung, Anziehung, Gerechtigkeit

Grün - Erneuerung, Wachstum, Heilung, Gesundheit, Wohlstand. Himmelsrichtung: Norden

Gelb/Gold - Harmonie, Glück, Reinigung, Genesung, Kraft, Schutz, Regeneration, Anziehung, Heilung. Sonnenmagie. Gelb/Weiß: Himmelsrichtung: Osten

Indigo - Reinigung, Ausgleich, Entspannung, Verteidigung, Astralschutz

Schwarz - Veränderung, Loslassen, Entfernung und Eliminierung negativer Energien, Schutz, Fluchabwehr, Suchtbekämpfung, Wahrsagen.

Kerzenzauber

Schon in der Antike wurden Kerzen verwendet, um magisch zu wirken.

In der Kerze werden alle vier Elemente vereint. Feuer, Luft, Erde, Wasser. Flamme für Feuer, Rauch für Luft, festes Wachs für Erde, flüssiges Wachs für Wasser.

Durch die verschiedenen Farben (siehe voriges Kapitel), werden die Schwingungen der Kerze verstärkt.
Da schwarze Kerzen eine sehr starke Energie, sollte man diese weder für Kinder noch für Tiere verwenden.

Möchte man Symbole, Ornamente oder Namen in die Kerze ritzen, so sollte dies in der Norm vor dem Salben erfolgen. Danach wird die Kerze mit Öl eingerieben (gesalbt). Es ist auch der Ausdruck "Anziehen" geläufig. Die Kerze wird angezogen.

Wenn du etwas loswerden möchtest oder etwas weniger werden soll, reibe die Kerze mit einem Öl von dir weg, zum Docht hin, ein. Soll etwas bleiben, zu dir kommen, oder mehr werden, so reibe die Kerze zum Kerzenfuß zu dir hin, ein. Also vom Docht abwärts.

Welches Öl

Je nach Bedarf kannst du selbst getrocknete Pflanzen in Öl ansetzen und damit deine Kerzen einsalben. Siehe unter der Kategorie Pflanzen in der Magie.
Beispielsweise für die Liebe gerne Ylang - Ylang, Jasmin oder für den Erfolg - Wacholderöl. Zur Not kannst du dich auch der Küchenmagie bedienen und aus dem Küchenschrank ein normales, weißes Öl dazu verwenden. Hier würde zwar nun die entsprechende Analogie dazu fehlen, welche man aber durch Visualisation wieder wettmachen könnte. Natürlich kann man auch ätherische Öle, die kleinen Fläschchen dazu verwenden. Bitte hier unbedingt darauf achten, dass es sich dabei um 100 Prozent naturreines Öl handelt. Auch, wenn man es zum Räuchern bzw. in einer Duftlampe verwendet. Man muss schon bei echtem Öl, darauf achten, dass sehr empfindliche Personen nicht zu viel davon abbekommen. Bei chemischen, also künstlich

hergestellten Ölen, steigt die Gefahr, dass es körperliche Auswirkungen zeigt. Kopfschmerzen, Reizungen der Augen und/oder der Atemwege sind beispielsweise keine Seltenheit. Bei Hautkontakt kann es auch Reizungen direkt auf der Haut verursachen (je nach Hersteller, Empfindlichkeit, Sicherheitsvorschriften usw.)

Ablauf eines Kerzenzaubers:

Zeichen (bei Bedarf) in die neue, noch nicht benutzte Kerze einritzen, salben, anzünden. Eingeritzt wird mit einer Stecknadel oder dem Athame. Salbung - für Anziehung von außen zur Mitte, Abwehr - von der Mitte nach außen einreiben. Entzunden wird mit einer weißen Kerze, welche nur dafür verwendet wird oder mit einem Feuerzeug. Streichhölzer gilt es hier zu vermeiden, da der Schwefel nicht unbedingt mit weißen Zaubern kompatibel ist. Jedoch entzünden manche Hexen nur mit Streichhölzer, da man dabei das Gefühl hat, etwas Großes zu entfachen. Von klein zu groß. Von kalt zu warm und heiß. Man sieht die Funken sprühen. Entscheide nach deinem Bauchgefühl. Die Brenndauer ist je nach Zauber unterschiedlich lange. Es kann sein, dass eine Kerze mehrere Tage brennen muss. Dafür soll sie natürlich nun nicht einige Tage hindurch ununterbrochen brennen. Einerseits bräuchte man dafür schon eine extra große und/oder dicke Kerze, andererseits soll die Kerze nie unbeaufsichtigt sein. Und die Mehrheit von uns, hat vielleicht ja tagsüber doch auch einen "normalen" Job, dem man nachgeht und schlafen muss man auch ab und an. Also wie soll man das nun handhaben?

Angenommen eine Kerze sollte nun drei Tage brennen, nimm Stecknadeln und stecke sie im gleichmäßigen Abstand in die Kerze. Nun lass die Kerze brennen, bis die erste Nadel runterfällt, danach lösche die Kerze. Am nächsten Tag bis zur zweiten Nadel.

Achtung! Blase bei einem bestehenden Ritual die Kerze nicht aus. Nie! Sobald du dies machst, ist der Zauber unterbrochen, das Ritual beendet. Verwende einen Kerzenlöscher oder nimm deine Finger. Aber ausblasen ist absolutes Tabu.

Am letzten Tag lasse die Kerze ganz herunterbrennen, also soweit, bis sie von alleine ausgeht (außer, im Zauber ist explizit etwas anderes angegeben).

Kerzenmagie nennt man auch Sympathiezauber, da man hierzu oft weitere Dinge benötigt, welche mit dem Ritual extra harmonisieren und sympathisieren. Also dass man auf die Mondphase achtet, dem Wochentag, dem Zeitpunkt, der astrologischen Ausrichtung, den Farben, den Räucherstoffen und mehr.
Es gilt immer:

Soll etwas abnehmen, weniger werden, sich verringern (Gewicht, Schulden, Stress, Probleme, Hindernisse usw..) - Ritual bei abnehmendem Mond.
Soll etwas zunehmen, wachsen, sich vermehren (Liebe, Geld, Glücksmomente, Lebensfreude usw.) - Ritual bei zunehmendem Mond.
Neumond - kurz vor Neumond - abnehmend.
Vollmond - kurz vor Vollmond - zunehmend.
Die Stunden vor Neu- und Vollmond sind die energiestärksten.

Was mache ich nun mit den Wachsresten eines Rituals?

Man kann sie im Wald vergraben, im Garten, auf einer Kreuzung von Feldwegen oder man warf sie gerne auch in fließendes Gewässer. Wobei ich für die letztere Möglichkeit aus Umweltschutzgründen nicht mehr plädiere. Man kann die Rest auch schön verpackt auf den Altar legen oder bei einem schönen Ort draußen verstecken.

Deutung der Flamme und des Rauchs:

Flammendeutung:

Mithilfe des Rauches einer Kerze kann man ebenfalls Zukunftsdeutungen machen.

Flackernde Flamme:

Bei diesem Anzeichen teilen sich die Geister. Der Wunsch wurde erhört und die Geistwesen, Elementarwesen, Spirits sind in diesem Moment anwesend, meinen die einen. Die andere Seite meint, dass es noch Hindernisse gibt, welche sich entgegenstellen. Hier sollte man die Kerzenbefragung wiederholen. Achte auf dein Gefühl. Erfahre, was für dich stimmig ist.

Hohe Flamme:

Effektive und rasche Erfüllung des Zaubers. Hohe Energie.

Kleine Flamme:

Bevor der Zauber wirkt, gibt es noch einige Steine im Weg, welche zuvor entfernt werden müssen. Im Moment noch wenig Energie bzw. bedeutet dies auch, dass sich etwas verringert, verkleinert.

Flamme hüpft:

Geh es spielerischer an. Es scheint, als ob es zu verkrampft, zu gewollt ist. Wenn es lockerer wird, öffnet sich der Weg und es endet positiv. Entspanne dich!

Flamme brennt gerade:

Gutes Zeichen. Keine Hindernisse im Weg.

Flamme wird immer größer:

Gutes Zeichen. Positiver Abschluss.

Flamme zieht nach links:

Gutes Zeichen für den spirituellen Bereich. Hat man im spirituellen oder seelischen Bereich einen Wunsch, so wird dieser von Erfolg gekrönt sein.

Flamme zieht nach rechts:

Gutes Zeichen für materielles Anliegen.

Mehrere Flammen:

Du bist die größe Flamme. Kleinere Flammen sind Widersacher. Je mehr kleine Flammen, umso mehr Gegenspieler.

Flamme rußt:

Es liegen Hindernisse im Weg, welche man noch überwinden muss. Noch keine Lösung in Sicht. Kerzenbefragung sollte danach ein zweites Mal durchgeführt werden.

Flamme/Kerze knistert:

Es liegen Hindernisse am Weg, welche allerdings überwunden werden können. Auch wenn es nicht so leicht ist, so ist es dennoch machbar. Schwerer wie erwartet. Doch ist man geduldig, so gibt es einen positiven Abschluss.

Kerze tropft:

Tropfen bedeuten Tränen. Dies können aber auch Tränen der Freude sein. Achte darauf, dass die Kerze gerade steht.

Flamme lässt sich nicht entzünden:

Vollziehe ein Reinigungsritual und versuche es anschließend noch einmal.

Flamme erlischt:

Das Ritual wurde unterbrochen, der Zauber wird sich nicht erfüllen.

Rauchdeutung:

Der Rauch kringelt sich:

Du bekommst spirituelle Unterstützung. Es wird sich auf kreative, unbeschwerte und leichte Art und Weise entfalten.

Der Rauch zieht aufwärts:

Du bekommst Unterstützung. Der Weg ist positiv. Es sieht sehr gut aus. Gutes, positives Zeichen.

Der Rauch zieht abwärts:

Es gilt vorher noch etwas zu lösen. Versuche eine Nacht darüber zu schlafen. Eventuell kommt im Traum die Lösung zum nächsten Schritt. Du weißt! was noch fehlt bzw. was noch zu tun ist. Gehe in dich bzw. meditiere.

Der Rauch teilt sich:

Frage bei jeder Gabelung nach. Es gilt mehrere Fragen zu beantworten, es aus verschiedenen Perspektiven zu betrachten. Dennoch geht es stetig aufwärts und endet positiv.

Der Rauch zieht von dir weg:

Es verschwindet etwas aus deinem Leben - geht weg. Ist das gut oder eher leidvoll? Achte auf deine Gefühle.

Der Rauch kommt auf dich zu:

Achte auch hier auf dein Gefühl. Es kommt etwas auf dich zu. Erwartest du etwas Bestimmtes, so weisst du nun, dass es gut dafür aussieht.

Ritze bei einem anziehenden Ritual die Buchstaben von oben nach unten. Zum Beispiel das Wort Glück, beginnend beim Docht. G.L.Ü.C.K. Bei einem bannenden Kerzenritual beginne beim Kerzenfuß. Z.B. Untreue. U.N.T.R.E.U.E. So dass es immer weniger wird. Untreue, Untreu, Untre..usw. bis nichts mehr übrig ist.

Wochentage

Montag: Mond - Gefühle

Farbe: Weiß
Stein: Mondstein
Räuchern: Weide
Rituale: Träume, Liebeskummer, Wunscherfüllung
Optimal: Zahnarzttermin, Schmerzen werden weniger intensiv wahrgenommen. Diätbeginn. Meditation. Lösung von Familienproblemen.

Dienstag: Mars

Farbe: Rot
Stein: Jaspis, rot, Hämatit
Räuchern: Drachenblut
Ritual: Fluchabwehr, Negatives bannen
Optimal: Sport. Neue Herausforderungen. Erfolg. Männliche Energie. Mut. Erfolg.

Mittwoch: Merkur

Farbe: Orange
Stein: Bernstein
Räuchern: Lavendel
Ritual: Eigenständigkeit fördern, Zukunft voraussagen.
Optimal: Kommunikation. Schreiben. Prüfung. Verhandeln und Zielsetzung.

Donnerstag: Jupiter

Farbe: Blau
Stein: Lapislazuli
Räuchern: Muskat, Zimt, Salbei
Ritual: Wohlstand. Gerechtigkeit. Rechtsangelegenheiten.
Optimal: Wandel. Um den optimalen Arzt zu finden. Um neue Ideen für das eigene Geschäft zu finden.

Hinweis: Heute keine Glücksspiele!

Freitag: Venus

Farbe: Grün, Rosa
Stein: Aquamarin, Jade
Räuchern: Sandelholz
Ritual: Partnerschaft. Sexualität. Freundschaft.
Optimal: Romantik. Liebe. Kennenlernen. Hobby. Dating. Hochzeit.

Samstag: Saturn

Farbe: Schwarz
Stein: Onyx
Räuchern: Myrrhe
Ritual: Kontakt zur geistigen Welt. Mentale Stärke. Abwehr negativer Energie. Meditation.
Optimal: Ordnung und Klarheit, im Innen und Außen - Gedanken ordnen, aber auch im Außen wie beim Schreibtisch, im Zimmer, am Dachboden, bei der Arbeit. Entschlossenheit. Wille. Selbstvertrauen.

Sonntag: Sonne

Farbe: Gold, gelb, weiß
Stein: Bergkristall
Räuchern: Weihrauch
Ritual: Kräfte stärken. Heilen.
Optimal: Fülle. Entspannung. Heilung. Kontakt zu Freunden.

Ins Tun kommen

Eigentlich mag ich solche Sätze oder Aussagen überhaupt nicht, aber hier trifft es genau den Punkt. Mit anderen Worten - Handle!

Das beste Buch, die ausführlichste Anleitung hilft dir nichts, wenn es nur in der Theorie bleibt. Viele Junghexen lesen zwar gerne Bücher über die Magie, jedoch hapert es oft an der Umsetzung. Du findest die Magie zwar irrsinnig spannend und faszinierend, traust dich aber doch nicht wirklich an die Materie. Gerne gibt es dann Ausreden wie..ich habe keinen Altar, keine durchgefärbten, goldene Kerzen (Hinweis an dieser Stelle: weiß geht immer ;-)), keinen Dolch, keinen richtigen Zauberspruch und was ist, wenn nun eine böse Gottheit erscheint, wenn ich ein Dankbarkeitsritual abhalten möchte..und so weiter und so fort. Und einen Zauberumhang habe ich auch noch keinen...

Was brauchst du konkret für ein Ritual? Wenn du alles nur mental ausrichtest, wäre es auch in Ordnung. Noch einmal zur Wiederholung: Jedes einzelne angeführte Werkzeug oder überhaupt jede hier aufgeführte, materielle Sache, sind alles, ohne Ausnahme nur Hilfsmittel. Und wenn du keine durchgefärbten Kerzen hast, kannst du auch ein Teelicht verwenden. Um nun also mal langsam und stressfrei eine Art Vorritual abzuhalten, kannst du dich mental darauf einstellen, indem du zum Beispiel dich einfach in Ruhe hinsetzt und eine Kerze oder ein Teelicht anzündest. Entspanne dich, atme gleichmäßig. Eine wunderbare Meditation ist, wenn du dich auf deinen Atem konzentrierst. Du kontrollierst ihn nicht extra, atmest nicht schneller oder langsamer, halte die Luft nicht an - beobachte ihn einfach. Das ist eine der einfachsten Meditationen der Welt - und dennoch so effektiv. Gedanken kommen und gehen, indem du auf deine Atmung achtest, konzentrierst du dich nun nur darauf. Versuche diese Atemmeditation für einige Minuten beizubehalten.
Entspanne bewusst deine Muskeln. Meist ist die Schulterpartie dabei angespannt. Lockere deine Gesichtsmuskeln. Du kannst dabei deinen Mund auch leicht öffnen. Atme zwischendurch einmal bewusst tief ein und aus. Alles ist in Ordnung. Du atmest, wie du atmest. Sieh es dir einfach nur an.

Du kannst auch in den Wald oder auf eine Wiese gehen und die Geräusche und Düfte um dich herum aufnehmen. Worauf trittst du? Ist es ein weicher Untergrund? Kannst du barfuß gehen? Scheue dich nicht. So kommst du der Natur noch näher und kannst sie intensiver spüren. Ansonsten kannst du auch nur durch das Gehen meditieren. So wie du vorher auf deinen Atem geachtet hattest, so beobachte nun deine Schritte. Ohne zu bewerten. Finde deinen eigenen Rhythmus. Du musst weder laufen, noch allzu langsam gehen. Gehe aber dennoch bedächtig und ruhig und sicheren Schrittes voran. Auch auf diese Weise kann man wunderbar eine Meditation erleben. Man muss dafür also nicht unbedingt im Lotussitz auf einem Meditationskissen sitzen, während man ein Mudra mit den Händen bildet und ein Om zu meditativen Klängen intoniert. Exakt so, stellen sich nämlich noch immer sehr viele Menschen vor, wie eine Meditation auszusehen hat.

Du kannst dir jeden Tag eine Rune oder eine Karte aus dem Tarot oder einem Engelsdeck ziehen. Sieh nach, welche Bedeutung die Karte oder die Rune hat. Auch so lernst du, wenn du es ein Weilchen (Wochen, Monate) wiederholst.

Zünde ein Räucherstäbchen an, oder entzünde eine Räucherkohle und streue etwas Räucherwerk darauf. Falls du noch nichts zuhause hast, kannst du auch Gewürze drauf geben, wie zum Beispiel, etwas Salbei (Schutz, Reinigung), hast du ganze Blätter (getrocknete), so diese einfach zwischen den Fingern verreiben. Ein Hauch von Zimt, hier bitte wirklich sehr sparsam agieren. Hier eine kleine Auswahl an Pflanzen (Gewürze, Tee) aus dem Haushalt, welche man ohne weiteres räuchern kann:

Basilikum
Glockenblume - Kraut
Johanniskraut
Katzenminze
Kresse
Majoran - Kraut
Mariendistel
Minze
Mistel

Muskat - Kraut, Blüten
Oregano
Petersilie
Rosmarin - Nadeln
Safran
Salbei
Schafgarbe
Schnittlauch
Schöllkraut
Spitzwegerich
Steinklee
Thymian
Veilchen
Waldmeister - Kraut
Wermut - Blüten
Wilde Möhre/Karotte - Kraut
Ysop
Zitronenmelisse - Blätter

Steht ein Jahreskreisfest bevor, so kannst du einfach einen Teller oder ein Glas in den passenden Farben dekorieren oder befüllen. Mit Bänder, Früchten, Blätter, Blüten, kleinen Ornamenten...

Ist gerade aktuell kein Jahreskreisfest in Sicht, so kannst du dennoch einfach nach den Jahreszeiten gestalten. Ob ein Kelch, ein Glas, ein Teller, eine Schale, oder vielleicht auch eine Ecke in deinem Zimmer. Oder an den Wänden, mit einem Zweig als Grundgerüst, oder du zeichnest etwas dazu. Kohlezeichnungen sehen dazu immer extra cool aus. Aber natürlich gehen auch alle anderen Farbstifte und Farben. Oder erstelle eine Collage. Du kannst auch einen Reim, ein Lied oder einfach einige Zeilen notieren, die dir dazu einfallen.

Du kannst auch Kräuter ansetzen oder die Samen dazu säen. Im Garten, am Balkon oder auch einfach auf einer Fensterbank. Auf diese Weise lernst du erstens die Kräuter kennen, wie die Blätter aussehen, wie sie beschaffen sind, wie sie duften, welche Bedingungen sie benötigen, um gut zu gedeihen. Danach kannst du sie trocknen und räuchern. Natürlich kannst du sie auch frisch ganz normal als Gewürz von Gerichten oder Salaten verwenden. Oder als Tee (getrocknet). Je nach Vorliebe und Kraut natürlich.

Gehe in den Wald oder in den Park und umarme einen Baum. Ist es dir unangenehm, wenn dich andere Personen dabei sehen könnten, so geh frühmorgens oder spätabends raus. Versuche die Energie des Baumes zu spüren. Hast du keinen Baum im näheren Umfeld, so stelle ich, wenn möglich draußen, aber es geht ohne weiteres auch in der Wohnung, mit etwas breiter gespreizten Beinen hin. Achte darauf, dass du einen festen Stand hast. Du sollst bequem und sicher stehen und das Gefühl haben, dass du so ohne weiteres einige Minuten stehen bleiben kannst. Schließe deine Augen und atme einige Male tief ein und aus. Nun sollte sich dein Atem langsam beruhigen. Wenn du möchtest, kannst du nun deine Arme hochheben, ganz hoch, als ob du in den Himmel greifen möchtest. Aber dies nur, wenn es dir dabei gut geht, ansonsten lasse die Arme einfach locker neben dem Körper hängen. Nun stelle dir vor, wie aus deinen Füßen, durch den Boden hindurch, Wurzeln wachsen. Es ist dabei unerheblich, wenn du diese Übung in einem Raum machst, ob du im Erdgeschoss oder im fünften Stock bist. Es funktioniert so oder so. Die Wurzeln sind stark und fest. Du verbindest dich damit mit der Gaia, der Erde. Es gibt dir Kraft und Stärke. Und vor allem Erdung. Merke wie die Wurzeln tief in die Erde wachsen, sich verbinden und du die harmonische und ausgleichende Energie spürst. Das wäre bis zu diesem Punkt schon die Übung - mache sie solange, bis es für dich genug ist.

Du kannst sie allerdings auch noch weiter ausbauen. Indem du visualisierst, dass du, wenn du die Erdenergie einatmest, du beim Ausatmen Blüten hervorbringst. Du kannst deine Arme auch seitwärts ausstrecken und dir vorstellen, dass sich daraus Äste und weitere Zweige bilden. Auch wenn du dich selbst als ganzen Baum mit Stamm, Ästen, Zweigen und einem Blätterdach siehst, vielleicht noch mit einigen Blüten oder Früchten oder einem Nest mit zwitschernden Voglein siehst, kannst du dies machen. Alles was für dich vorstellbar ist.

Mache die (Grund-)Übung nun öfter, vor allem wenn du dich unausgeglichen fühlst, wenn du zu wenig oder auch zu viel Energie hast, es wirkt ausgleichend. Und auch, wenn du in letzter Zeit keine klaren Gedanken mehr fassen kannst. Oder du mit den Kopf nur mehr in den Wolken und in Träumen unterwegs bist. Keine Sorge, nach dieser Übung stehst du zwar wieder mit beiden Beinen fest auf der Erde (und im Leben), aber deine Träume sind dennoch nicht ganz verschwunden. Es hilft dir einfach, alles etwas klarer zu sehen und Luftschlösser vielleicht in stabile Bauten umzumodellieren. Es ist eine der bekanntesten Übungen, welche man für eine Erdung verwendet. Gar nicht so schlimm oder? Und auch extrem einfach. Und auch ohne Symbole, Kerzen und Anrufungsritual für jedermann durchführbar.

Beginne ein Traumtagebuch zu führen. Nicht nur, um schöne Träume nicht zu vergessen, sondern auch, um Sachen, die uns das Unterbewusstsein sagen möchte, zu erkennen. Und auch, um festzustellen, ob man seine Träume beeinflussen kann. Dies ist eine spezielle Art des Träumens. Jeder kann sie erlernen. Sie nennt sich luzides Träumen und darin ist man sich während des Träumens bewusst, dass man schläft und träumt. Auch kann man im Traum seine Träume verändern. Wird man öfter von Alpträumen heimgesucht, so sollte man sich diesen Ängsten im Traum stellen. Die Träume, die einem Angst gemacht haben, sollten somit aufhören. Hat man im Traum zum Beispiel einen Verfolger, sollte man stehen bleiben und ihn fragen, was er eigentlich möchte. So ein Tagebuch, wo man seine Träume notiert, am besten gleich in der Früh, gleich nach dem Aufwachen, kann also in vielerlei Hinsicht von Vorteil sein. Zudem kann man damit auch die Traumdeutung lernen. Die Deutungen, welche man in Büchern oder online zu lesen bekommt, können immer nur im Groben richtungsweisend sein, da ja jeder Mensch eigene Erfahrungen gemacht hat und persönliche Vorlieben und Interessen hat. Träumt man beispielsweise von einer Schlange und schlägt in einem Buch nach, kann es sein, dass man erfährt, dass man Acht geben sollte, da es im Umfeld Menschen gibt, die einem schaden wollen und nicht ehrlich zu dir sind. Da die Schlange für Verrat und Falschheit steht. Allerdings kann sie auch für sexuelle Begierden stehen (Phallussymbol). Soweit, so gut. Es kann also sein, dass du in deinem Leben dann zu forschen beginnst, wer von deinen Freunden nun nicht ehrlich zu dir ist, da es im Moment vielleicht kein Objekt der Begierde gibt. In der Realität jedoch liebst du vielleicht Schlangen, beschäftigst dich mit ihnen, oder hast vielleicht sogar welche, so hätte der Traum vielleicht eine ganz andere Bedeutung. Es zählt also immer, was es für den Träumenden bedeutet. Und - der Träumer, weiß immer! welche Bedeutung ein bestimmtes Symbol, ein Mensch oder eine Situation hat. Auch wenn er das eine oder andere Mal nachdenken muss, ich versichere dir - er weiß es!

Aufgabe: Welche Träume blieben dir in Erinnerung? Versuche dich zurück zu erinnern. Waren sie besonders? Was war daran so besonders?

Beginne das Buch der Schatten! Dies kann auch so aussehen, dass du erstmal das Cover gestaltest. Währenddessen kommen dir sicherlich Gedanken und Ideen, womit du darin zu schreiben beginnen kannst. Lasse dich von deiner Inspiration leiten.

Nachsatz - auch wenn ich nicht oft genug auf die Gefahren in der Magie hinweisen kann, so soll man dennoch nicht das Spielerische verlieren. Und ja, es kann natürlich immer etwas daneben gehen, jedoch, muss man dabei nicht immer gleich an Dämonen denken, die es sich nun in deinem Heim gemütlich machen, weil du nun vielleicht etwas nicht ganz richtig formuliert hast oder nicht völlig konzentriert warst. In den meisten Fällen, wenn ein Zauber daneben geht, passiert..

...

...

...

...

...

nichts!

Einfach nichts. Der Zauber bewirkt nichts negatives, aber auch nichts positives. Es geschieht absolut nichts. Nun, dann ist es ebenso. Auf zum nächsten Versuch. Übung macht den Meister - immer und überall.

Altar

Wie soll eigentlich der Altar aussehen und wozu brauche ich den?

Am Altar wirkt man als Hexe. Es ist ihr magischer Arbeitsplatz. Am Altar verbindet sie sich mit der Anderswelt und vollzieht ihre Rituale, falls sie dafür keinen eigenen Raum hat, was die wenigsten in ihrer Wohnung ihr eigen nennen dürfen, oder sie diese nicht in einem großen Ritual am Boden vollzieht. Von daher sollte dieser Platz natürlich auch stimmig sein und der Hexe gut gefallen. Sie soll sich damit wohlfühlen. Und dies muss nun nicht immer ein extra hergestellter Altar sein, es kann auch ein kleines Tischchen gute Dienste leisten, oder ein Eckchen im Zimmer, oder ein Brettchen im Regal. Je nach Vorliebe, Gefallen und Platz. Wenn möglich, sollt es jedoch gen Norden ausgerichtet sein. Auch eine kleine Holzkiste schön dekoriert ist gut vorstellbar. Damit kommen wir zum nächsten Punkt- was soll man aufstellen, wie dekorieren?

In erster Linie gilt auch hier, was gefällt. In der Norm findet man auf einem Altar Kerzen. Gerne weiße Kerzen bzw. zum Ritual passende Kerzen. Da die Rituale aber oft variieren, passen als Grundkerzen weiße Kerzen immer. Die anderen werden dann zusätzlich dazu gestellt.
Die Kerzen symbolisieren auch das Element des Feuers und sollten am Altar im Süden stehen. Eine Schale für das Element des Wassers im Westen. Erdelemente gehören in den Norden. Und ein Dolch oder ein Messer gebührt als Luftelement der Platz im Osten. Du kannst natürlich auch andere Symbole der Elemente platzieren (Stab, Federn, Steine etc.).
Für eine zusätzliche Deko sind Gaben der Natur der Jahreszeit entsprechend, sehr passend.
Man kann an diesem Platz zudem auch Heilsteine, Amulette oder Talismane legen. Sie werden aufgrund der Energie, welche an dieser Stelle herrscht, aufgeladen. Auch eine kleine Klangschale, wäre eine Idee. Damit kann man seine Rituale wundervoll vertiefen.
Wie du siehst, zählt in erste Linie dein persönliches Gefallen. Du sollst ja auch mit großer Freude an diesem Platz arbeiten, damit sich deine Wünsche voller Stärke und magischer Intensität erfüllen.

Meditation

Ist Meditation für diesen Weg ein Muss? Wie gesagt, muss ist nichts. Jedoch ist Meditation schon wichtig. Was versteht man eigentlich darunter, wenn die Menschen sagen, dass sie meditieren?

Meditieren kommt aus dem lateinischen (meditari = nachdenken, überlegen), Meditation - meditatio = zum Nachdenken und bzw. vom altgriechischen medomai = sinnen, denken.

Die Meditationstechniken sind sehr vielfältig und hängen oft auch vom religiösen Umfeld ab. Jedoch ist es auch unter nicht religiösen Menschen eine sehr beliebte Methode um einen bestimmten Bewusstseinszustand zu erreichen.

Man unterscheidet im Wesentlichen drei Gruppen:

die körperlich passive Meditation
die körperlich aktive Meditation
die geführte Meditation

Die passive praktiziert man lautlos im Sitzen oder Liegen, während man bei der aktiven Meditation einer Tätigkeit nachgeht. Dies kann eine körperliche Bewegung, zum Beispiel, das Gehen, sein, aber auch, dass man während des Sitzens Chants oder Mantren rezitiert.

Zudem kann man die passive und die aktive noch in weitere Gruppen unterteilen, wie zum Beispiel in die Ruhemeditation, die transzendentale Meditation, Achtsamkeitsmeditation, Zen, Tanz, Tantra, Yoga und einige mehr.

Ich persönlich, habe von Anfang an die geführte Meditation sehr geliebt. Ob von anderen Personen erstellte, oder selbst geschriebene, war dabei unerheblich. Man konnte dabei Loslassen und entspannte sich gleichzeitig. Störende Zwischengedanken tauchten meist nicht auf. Und je nach Meditation konnte man zusätzlich noch etwas für sein Seelenheil tun. Oder man betrachtete ein spezielles Thema, welches einem am Herzen lag. Man konnte mit seinem inneren Kind Kontakt aufnehmen, oder für mehr Fülle in seinem Leben sorgen, man konnte persönliche Probleme seines Lebens in Angriff nehmen und sie lösen.

Auch kann man dadurch mit seinem Geistführer in Kontakt treten, ihm Fragen stellen. Du kannst dein Krafttier treffen und vieles mehr. Dies kann alles unter Führung, als auch ohne Führung geschehen.

Durch eine Meditation kann man entspannen, sich spirituell weiterentwickeln, Antworten auf Fragen bekommen und einiges mehr. Also ja, ist man auf dem magischen Weg, ist meditieren zu können sehr von Vorteil. Und verzweifle nicht, wenn es nicht gleich von Anfang an klappt. Wie bei allem anderen gilt auch hier, dass Übung den Meister macht. Hierbei sind die geführten Meditationen, also Meditationen mit Anleitungen, welche es zuhauf im Netz und auf CD's gibt, äußerst hilfreich.

Auszug aus Wikipedia:

"Meditationstechniken werden als Hilfsmittel verstanden, einen vom Alltagsbewusstsein unterschiedenen Bewusstseinszustand zu üben, in dem das gegenwärtige Erleben im Vordergrund steht, frei von gewohntem Denken, vor allem von Bewertungen und von der subjektiven Bedeutung der Vergangenheit (Erinnerungen) und der Zukunft (Pläne, Ängste usw.). Viele Meditationstechniken sollen helfen, einen Bewusstseinszustand zu erreichen, in dem äußerst klares, hellwaches Gewahrsein und tiefste Entspannung gleichzeitig möglich sind."

Einige Meditationen habe ich bisher ja schon im Buch erwähnt und erklärt (Erdung, Gehmeditation, Atem...).

Seit Jahrtausenden werden Meditationen zur Entspannung genutzt und um neue Kraft zu schöpfen. Es geht darum, um innerlich zur Ruhe zu kommen, auch um Ängste loslassen zu können. Man kann sich somit wieder auf das Wesentliche konzentrieren. Viel zu oft unterdrücken wir unsere Gefühle und meinen, diese unter Kontrolle zu haben. Wir meinen, uns den Problemen zu stellen, doch meist sind es nicht die Ursachen, welche gelöst, sondern Symptome, welche bekämpft werden. Nimm dir die Zeit, um der Sache auf den Grund zu gehen. Verdrängtes wird nicht von alleine besser. Es sammelt sich im Untergrund, bis es eines Tages explosionsartig hervorbricht. Lass es nicht soweit kommen. Oder falls dies schon einmal der Fall war, verhindere, dass es erneut geschieht. Dies tut weder deiner Seele noch deinem Körper und schon gar nicht deiner Spiritualität gut. Löst man diese innerlichen Unstimmigkeiten und Spannungen nicht, können sie sich im Außen als Krankheiten manifestieren. Werden Blockaden nicht losgelassen oder aufgelöst und nehmen sie einen permanent in Beschlag, so wirst du nicht in der Lage sein, dich auf deine Arbeit im Hexentum zu konzentrieren. Die Energie wird nicht richtig gelenkt und somit werden die Erfolge meist nur willkürlich und zufällig sein, wenn es überhaupt welche gibt.

Wie oft du meditierst, bleibt dir überlassen. Du musst dir nun nicht jeden Tag stundenlang eine Meditation anhören. Ob jeden Tag fünf Minuten, oder alle drei Tage eine halbe Stunde, wieviel auch immer, es bleibt deine Entscheidung. Es sollte sich für dich einfach nur gut und stimmig anfühlen. Auf Dauer wäre es aber schon gut, wenn man jeden Tag meditieren würde, und sei es nur wenige Minuten. Besser jeden Tag fünf Minuten als einmal im Monat eine Stunde. Aber solange würde es anfangs ohnehin nicht funktionieren. Zu ungeduldig ist hier noch der Geist. Er rast und springt von einem Gedanken zum anderen. Das ist aber anfangs auch ganz normal. Wenn du beispielsweise deinen Atem beobachtest und schon nach kurzer Zeit deine Gedanken abschweifen, versuche beim Einatmen mitzuzählen. Also beim einatmen 1, ausatmen 2, einatmen 3 usw..denken, nicht laut aussprechen. Wenn es dir auffällt, dass deine Gedanken abdriften und du an Alltägliches denkst, wie,..die Post muss ich auch noch machen, die Rechnung ist zu bezahlen, den Termin darf ich nicht versäumen, Blumen sollte ich auch noch gießen, und aah, die Wäsche, der Test..usw.., so ist schon sehr gut, dass es dir überhaupt auffällt und dir bewusst wird. Und mach dir keine Sorgen, es ist wirklich ganz normal. Gerade wenn man zu meditieren beginnt, kann der Geist sich oft nur wenige Augenblicke konzentrieren. Darum solltest du es nun auch regelmäßig praktizieren.

In welcher Position ist unerheblich. Profis nutzen den Lotussitz, wo man die Füße auf den jeweils anderen Oberschenkel legt. Da die meisten jedoch keine Profis sind, genügt auch der Schneidersitz oder auch einfach ein normaler Stuhl oder ein Kissen. Hauptsache ist, dass du es bequem hast und du bei Bedarf auch länger in dieser Position ausharren kannst. Du kannst dich zwar auch hinlegen, jedoch ist hier die Gefahr des Einschlafens relativ hoch. Meditieren kannst du überall, wo du ungestört bist. Dies kann in deiner Wohnung, aber natürlich auch im Freien sein. Wichtig dabei ist, dass du nicht dauernd gestört wirst.

Bei Meditationen in Räumen kannst du auch Räucherwerk entzünden oder leise Meditationsmusik laufen lassen. Oder auch eine andere Musik, die dir gefällt. Sie sollte aber eher ruhiger sein, wenn du eine stille Meditation durchführst. Es gibt Menschen, die mögen dazu überhaupt keine Musik, ist natürlich auch in Ordnung. Wie es für dich passt. Wenn du immer denselben Platz für deine Gedankenberuhigung verwendest, stellt sich dein Geist mit der Zeit schon darauf ein und du wirst schon entspannter, wenn du nur auf dieses eine Kissen nun zum Beispiel dich hinsetzt.

Deine Kleidung sollte bequem sein. Nichts sollte einengen oder drücken.

Weiters kann man die Meditation in weitere zwei Arten unterteilen. Bei der einer Art wird man gelenkt (geführte Meditation). Die Gedanken sind zielgerichtet und lösungsorientiert. Natürlich entspannt man sich auch hierbei und lernt loszulassen. Man sucht und findet sehr oft Antworten auf Fragen. Lösungen kommen aus Quellen, wo man im alltäglichen Leben keinen Zugang hätten. Bei der anderen Art entspannt man im Inneren, ohne ein bestimmtes Ziel. Man kommt innerlich zur Ruhe, lässt los, tankt Kraft um im Alltag wieder dem Stress gestärkt und gelassen entgegentreten zu können.

Meditation der Dankbarkeit

Um innerlichen Frieden, innere Ruhe zu bekommen ist eine kleine Meditation der Dankbarkeit ein wunderbare Idee. Setze dich abends entspannt hin, schließe deine Augen und bedanke dich, für alles, was du heute bekommen hast und erfahren durftest. Alles was du besitzt, alles was dir gut tut, und alles von deinem Herzen kommt. Gab es negative Erfahrungen, gibt es immer zwei Seiten. Vielleicht weißt du nun über einen Menschen Bescheid, oder du konntest jemand anderem deine Meinung sagen. Danach konzentriere dich wieder auf die schönen Dinge. (du hast ein Zuhause, Partner, Familie, Kinder, zu essen, es warm im Winter, kannst sehen, hören, atmen, bist als Single frei und kannst machen was du möchtest usw.) Mit jedem Mal wird es leichter, diese Meditation durchzuführen. Sollten die Gedanken zu sehr abschweifen, benutze das Wort - Danke - mantramäßig. Sprich und denke es ununterbrochen. Bleibe für einige Minuten in dieser Phase, bevor du es beendest. Es soll kein Zwang dabei sein, spüre die Dankbarkeit, die es in deinem Leben gibt.

Engel

Übersicht der Engel

Die Zuordnung stammt aus dem Mittelalter und ist nur eine von vielen. Ich streife dieses Thema auch nur kurz, möchte aber dennoch einen kleinen Einblick in die Welt der Engel geben.

Die erste Sphäre

Himmlische Berater

1.) Seraphim
2.) Cherubim
3.) Throne

Die zweite Sphäre

Himmlische Verwalter

4.) Herrschaften
5.) Mächte
6.) Gewalten

Die dritte Sphäre

Himmlische Botschafter

7.) Fürstentümer
8.) Erzengel
9.) Engel - Schutzengel

Die Erzengel und die Schutzengel stehen uns Menschen am nächsten. Wobei wir gerne die Erzengel um Hilfe in speziellen Angelegenheiten bitten. Schutzengel haben wir von Geburt an und sie stehen an unserer Seite und wie der Name schon sagt, beschützen sie uns. Vielleicht sehen es manche Menschen nicht kompatibel mit dem Hexentum, dennoch gibt es sehr viele Personen, welche die Arbeit mit den Engeln nicht missen möchten und ich möchte sie auch keineswegs vorenthalten. Auch ich arbeite sehr gerne mit den Engeln. Wobei mein persönlicher Favorit Erzengel Michael ist. Doch nun möchte ich euch die wichtigsten Erzengel vorstellen.

Allen voran ist Metatron. Er ist sozusagen der Chef der Engel.

Metatron

Oberster Fürst der Erzengel. Er hat die höchste Energie und hütet unsere Wünsche. Engel von Tod und Geburt, Anfang und Ende. Engel der Veränderung. Klärende Energie.
Er wird gerufen bei Meditationen, wo es um Erkennen des persönlichen Lebensweges geht, um Unterstützung bei Depressionen, um Klarheit zu finden und auch als Sterbebegleitung.

Seine Farben sind gold und weiß. Kronenchakra

Gabriel

Sein Thema ist die Verkündung. Er bringt Hoffnung, kündigt Neues an und bringt Freude. Erleuchtende Energie. Unterstützt bei Kommunikationsproblemen, auch zur höheren Ebene. Hilft das Lebensziel zu erkennen.

Gabriel wird angerufen, wenn man Unterstützung benötigt, um das innere Kind zu heilen. Auch er hilft wenn man depressiv ist, Trauma verdrängt. Bei Veränderungen spendet er Trost. Neubeginn.

Seine Farben sind weiß und hellblau, sein Element das Wasser. Hals-Chakra.

Zadkiel

Engel der Anrufung. Zadkiel fördert Wachstum. Harmonisierende und ausgleichende Energie.

Er wird gerufen, wenn man mehr Selbstbewusstsein braucht und wenn man negative Glaubenssätze und Muster loslassen und transformieren möchte. Auch wenn das Gedankenkarussell nicht aufhört sich zu drehen, hilft Zadkiel gerne.

Seine Farben sind magenta und violett. Kronen - und Hals-Chakra.

Michael

Kraftvolle und schützende Energie. Mächtiger Krieger. Mit seinem Schwert hat er die Macht auch karmische Verbindungen zu lösen. Erzengel Michael steht für Schutz und Sicherheit.

Daher wird er auch gerne gerufen, wenn man Schutz benötigt, das Gefühl hat, dass die Aura verunreinigt oder besetzt ist, bei nächtlichen Ängsten und Selbstzweifel, bei aggressiven Licht und Liebe Energien, und auch, um etwas zu beenden.

Seine Hauptfarbe ist blau. Drittes Auge (Stirnchakra) und Sakralchakra.

Chamuel

Hüter der Partnerschaft. Heitere Energie, liebevoll und tragend. Seine Energie empfindet man oft als herzliche Umarmung. Chamuel steht für die bedingungslose Liebe.

Chamuel wird gerufen wenn es Spannungen in Partnerschaften und es der Klärung bedarf (auch in geschäftlicher Hinsicht), wenn man sich nach Geborgenheit und Liebe sehnt, und man wieder etwas Förderung der Kreativität benötigt.

Farben rosa und orange. Solarplexus.

Uriel

Kraftvolle, stärkende, dennoch ruhige und harmonisierende Energie. Zielorientiert, stabilisierend, ordnend. Dadurch, dass er die fein- und die grobstofflichen Energien miteinander verbinden kann, können auch Krankheiten geheilt werden. Alltägliche Spiritualität kann durch ihn gelebt werden.

Uriel wird gerufen, wenn man Erdung benötigt, Selbstbewusstsein fehlt, man kraft- und mutlos ist, er verhilft auch zu Erfolg.

Seine Farben sind rot und orange. Element Erde.

Jophiel

Seine Energie erinnert an eine mütterliche Umarmung. Er hilft bei Unsicherheit und verbindet zum höheren Selbst. Forscher (auf jeder Ebene und in jedem Bereich) werden von ihm unterstützt.

Gerufen wird er bei Prüfungen, Lernproblemen. Uriel hilft auch die innere Ausgeglichenheit zu finden und wenn man die innere Stimme, seine Intuition stärken möchte.

Farben sind Gelb und Gold. Drittes Auge - Stirnchakra.

Raphael

"Der Arzt Gottes" - er ist zuständig für Heilung und Erneuerung (Erde und Mensch). Seine Energie ist umhüllend, klärend, weich, kraftvoll und heilend. Schutzpatron aller Heiler und Ärzte. Heilung von allen Bereichen und Ebenen. Hüter der Schutzengel.

Raphael wird gerufen, wenn man mit sich selbst unzufrieden ist, sich verlassen fühlt, in den Wechseljahren, bei Krankheit, bei Erschöpfung und Resignation. Er fördert die Heilbereitschaft, und auch die Kreativität. Auch als Sterbebegleitung unterstützt er den Übergang.

Seine Farben sind Grün und Türkis. Herzchakra. Element der Luft.

Astromagie

Auch die astrologischen Aspekte haben Auswirkungen auf die Rituale.

Hier nur ein kleiner Ausflug in diesen Bereich und eine Zusammenfassung der wichtigsten Aspekte:

Liebe

Rituale für Liebes- und Partnerangelegenheiten bei zunehmendem Mond ausführen. Dies gilt nicht nur für die Liebe, sondern auch auf geschäftlicher Ebene.
Die beste Zeit für ein Liebesritual ist kurz vor Sonnenuntergang. Ungefähr zwischen 18 und 20 Uhr, je nachdem, ob es gerade Frühling, Sommer, Herbst oder Winter ist. Aber vor Sonnenuntergang passt immer. Freitag, der Tag der Venus, ist für Rituale, die Liebe betreffend optimal.

Sexualität

Um ungebundenen, freien Sex zu erfahren, sind ebenfalls der Freitag, aber auch der Dienstag, die besten Tage, um ein entsprechendes Ritual zu konzipieren. Jedoch sollte man hier bis nach! dem Sonnenuntergang warten. Heiße Flirts und oft auch aufregende Abenteuer sind sehr oft erfolgreich. Warte mit dem Ritual bis circa um 22 Uhr. Zunehmende Mondphase.

Job

Möchtest du die Karriereleiter hochsteigen oder bist du auch der Suche nach dem passenden Job, so wähle bei zunehmenden Mond den Dienstag, am besten zwischen 18:30 und 20:30 Uhr (Jobsuche) und die Zeit zwischen 11 bis 13 Uhr für Karriereabsichten.

Finanzen

Bei zunehmendem Mond, es soll sich ja vermehren, die Wochentage Mittwoch, Donnerstag und Freitag und ebenfalls vor

Sonnenuntergang. Zudem wäre es noch extra vorteilhaft, wenn der Mond im Zeichen der Jungfrau oder des Stieres stehen würde.

Gesundheit

Benötigst du ein Ritual der Heilung, nutze auch hier die zunehmende Mondphase. Achtung: Möchte man eine Krankheit loswerden - abnehmender Mond, möchte man die Gesundheit wieder erlangen oder behalten - zunehmender Mond. In der Norm wird positiv formuliert, da man sich dabei auf den positiven Aspekt konzentriert. Bester Tag ist der Sonntag, nach Sonnenuntergang. Optimal wäre es, wenn der Mond im Zeichen des Löwen stehen würde (Jungfrau ginge auch noch sehr gut). Wie immer gilt, bei dringendem Handlungsbedarf hat immer! die Dringlichkeit Vorrang.
Diese Zeiten hier gelten im Übrigen auch bei einer Aurareinigung.

Bannrituale

macht man am besten Samstags, bei abnehmendem Mond. Uhrzeit von Samstag auf Sonntag zwischen 23 Uhr bis circa 1 Uhr morgens. Optimale wäre es, wenn der Mond sich im Skorpion befindet. Die Göttin Hekate ist für ein Bannritual sehr gut geeignet. Informiere dich zuvor, über die Gottheiten, welche du anrufst.

Geistwesenkontakt

Möchte man zu seinem Geistführer oder zum Schutzengel den Kontakt extra fördern, ist auch hier der Samstag die beste Zeit, ebenfalls zur Geisterzeit zwischen 23 und 1 Uhr. Möchte man mit lieben Verstorbenen in Kontakt treten, sollte der Mond im Zeichen des Skorpions stehen.

Schutz

Bei zunehmendem Mond an einem Samstag oder auch an einem Montag die Schutzrituale für die Familie oder das Heim durchführen. Uhrzeit zwischen 22 Uhr und Mitternacht, der Mond sollte im Zeichen des Krebses stehen.

Zauber

Notfallzauber

Schutz! Für den Fall, dass man unterwegs ist und nicht auf die Schnelle ein Ritual praktizieren kann. Man spürt negative Energie, kann aber vielleicht nicht einmal den Raum verlassen.

Sprich leise oder mental folgende Worte:

“Feuer, Wasser, Luft und Erde
damit die Kraft nun mächtig werde,
zu bannen diese böse Kraft,
auf dass sie mir nun Ruh’ verschafft.”

Notfall Raum Reinigung

Luft - Fenster und Türen auf und durchziehen lassen.
Erde - Bergkristall und Rosenquarz sind sehr kraftvolle energetische Filter. Sie wirken langsam, sind aber sehr effektiv. Negative Energien werden gespalten und gefiltert. Wenn man sich nicht sicher ist, ob man negative Energien im Haus hat, oder man zum Beispiel eine neue Wohnung gemietet oder gekauft hat, und man bis zum Einzug noch Zeit hat.
Feuer - Rasche Räucherung mit Salbei und/oder Weihrauch, Birke.
Wasser - Lasse für kurze Zeit in jedem Raum das Wasser laufen. Im Sparmodus geh von Raum zu Raum und befülle einen Krug in jedem Raum, in dem es fließendes Wasser gibt damit. Beide Varianten spülen negative Energien weg. Zusätzlich kannst du mit Meersalz alle Eingänge und auch alle Fensterrahmen mit Salz und Wasser abwaschen.
Äther - Wurden bereits mehrere Methoden der Reinigung angewandt, so lade liebe Freunde und die Familie ein, um von negativ auf neutral und schließlich auf positiv zu laden. Je mehr wunderbare Momente in der Wohnung sich ereignen, umso positiver werden die Energien.

Schutz

Autofahrer Schutz

Ganze Pfefferkörner, schwarz
Weißer Baumwoll - bzw. Leinenstoff
Nadel und Zwirn

Nähe dir aus dem Stoff ein kleines Säckchen. Fülle die Pfefferkörner ein und nähe es ganz zu. Fertig!
Bewahre das Säckchen in deinem Auto auf. Es wird dich beschützen. Du kannst es auch über deine Eingangstüre aufhängen, so wird dein Heim beschützt. Pfeffer hat eine enorm starke Schutzkraft.

Hausschutz

Um die Wohnung, das Haus in der Abwesenheit vor unliebsamen oder allzu neugierigen Besuchern zu schützen, genügt oft ein sehr altes, sehr einfaches, aber bewährtes Mittel.
Stelle einfach zwei Hexenbesen (also Stroh- oder Reisigbesen) gekreuzt vor deine Eingangstür. Du wirst überrascht sein, wie effektiv dieses Zeichen ist und mögliche ungebetene Besucher abschreckt. Man kann auch zwei normale Besen oder auch zwei lange Stecken dafür verwenden. Hauptsache, sie stehen gekreuzt im oder vor dem Türrahmen.

Duschzauber

Während des Duschens visualisiere, wie alles Negative von dir weggespült wird. Stelle dir das Duschwasser vor, als ob es von glitzernden, weißen Lichtpartikeln durchzogen wäre. Sie reinigen dich in jeglicher Hinsicht. Nun stelle dir vor, wie der Strahl blau wird. Die blaue Farbe symbolisiert Schutz. So gehst du nun rundum geschützt in den neuen Tag. Abends kann es auch vor Alpträumen bewahren.

Liebe

Um einen neuen Geliebten/eine Geliebte anzuziehen

Entzünde eine rote Kerze und teile einen Apfel in der Mitte. Nun lege eine rote Rose auf eine Apfelhälfte und binde die andere Hälfte mit einem roten Band zusammen. Sprich:
"Liebe Aphrodite mein,

lass nun den Schatz mich sehn und an den Herd,
bring ihn zu mir heim,
auf dass sie meine zweite Hälfte werd."

Vergrabe den Apfel mit der Rose an einem schönen Ort.

Um eine Nachricht zu erhalten (Anruf, Mail, Whatsapp, PN usw..)

Entzünde eine rote Kerze. Das Telefon oder der Computer sollte sich im selben Raum befinden. Lege das Foto des/der Geliebten mit dem Gesicht nach oben vor dem PC/Handy. Hast du kein Foto, so schreibe mit einem roten Stift auf Papier in wunderschöner Schrift seinen Namen. Sprich nun 7 Mal:

XY ruft mich an. (bzw. schreibt, mailt mir..).

Ist die energetische Konzentration stark genug, wird die Person den Wunsch empfangen und den unwiderstehlichen Wunsch verspüren, sich zu melden. Lösche nach dem Spruch die Kerze. (Nicht ausblasen!)

Hinweis: Bedenke bei der Suche nach der Liebe, das Gesetz- wie innen, so außen. Wenn du dich nicht liebst, warum sollte es dann jemand anderes tun? Würdest du gerne mit dir zusammen sein wollen? Werde der Mensch, mit dem man gerne Zeit verbringt.

Tipp: Möchtest du einen Partner in deinem Leben, achte auch darauf, dass du daheim Platz für ihn schaffst. Wenn dein Kleiderschrank überquillt und im Badezimmer kein Zentimeter Platz für eine zweite Zahnbürste ist, so schaffe Abhilfe. Wenn du einen Partner findest, möchte er seine Sachen ja auch irgendwo unterbringen und dies nicht nur irgendwie, er sollte sich auch willkommen fühlen. Also miste aus, verkaufe, verschenke, eliminiere. Und überlege dir, in welchem Bereich dein künftiger Partner etwas Platz brauchen könnte (Badezimmer, Schuhregal, Schlafzimmer, Bücherschrank...).

Zitronenglück

Schneide aus der Schale einer Zitrone ein kleines Herz aus und lasse es sieben Tage trocknen. Sonnenlicht wäre extra anziehend. Trage es danach bei dir. Es fördert das Glück und bringt dir Liebe in dein Leben.

Liebeskummerkraut

Trage Eisenkraut in der rechten Hosentasche, so spürst du bald schon Linderung und Erleichterung. Jeder seelische Schmerz, jedes Leid und jeder Kummer (nicht nur Liebeskummer) vergeht nun rasch.

Rivalin/Rivalen loswerden

Pfuscht dir jemand in dein Liebesleben, so setze diese Person kurzfristig auf Eis. Du brauchst dazu nur

einen kleinen Zettel und einen Stift
Eiswürfelbehälter
Wasser

Zeitpunkt: Abnehmender Mond

Visualisiere einen Schutzkreis und schreibe nun den Vor- und den Nachnamen der Konkurrenz auf den Zettel. Falte das Stück Papier klein, lege es in den Behälter und fülle es mit Wasser auf. Das Stückchen Papier sollte ganz mit Wasser bedeckt sein. Falls es wieder auftaucht, befülle es nur zur Hälfte, friere es etwas ein und sobald es angefroren ist, fülle die restliche Hälfte auf. Nun lasse das Ganze solange eingefroren, bis das Interesse dieser Person definitiv nachlässt oder sonst gerne auch für drei Vollmonde. Danach wirf das Eiswürfelchen in ein fließendes Gewässer. In diesem Falle wäre auch die Toilette nicht so abwegig ;-)

Liebesöl

Als Basisöl nimm 100 ml Mandelöl. Gib nun hinzu:
5 Tropfen Vanille
5 Tropfen Rosenholz
10 Tropfen Ylang Ylang
10 Tropfen Rose
10 Tropfen Bergamotte

5 Tropfen Jasmin

Ist dir der eine oder andere Duft zu viel oder zu wenig, variiere nach eigenem Ermessen. Oder wenn dir ein Duft absolut nicht zusagt, ersetze ihn durch einen anderen oder lasse ihn ganz weg. In erster Linie sollst du ihn lieben und wenn du jedes Mal die Nase rümpfst, wenn du ihn verwendest, so wird der Zauber, gerade in der Liebe, nicht unbedingt von Erfolg gekrönt sein.
Dieses Öl kannst du bei jedem Liebeszauberritual einsetzen oder auch einfach für dich persönlich nutzen.

Liebeszaubertee

Dieser Zauber kann dir helfen, wenn du schon jemanden Bestimmtes ins Auge gefasst hast oder aber auch, wenn du noch niemanden kennst. Eine Freundin von mir hatte ihn einmal angewendet und kurz darauf, trat ihr Traummann in ihr Leben. Vielleicht hört sich das nun nach einem Märchen und nach extra Werbung oder so an, aber ich versichere dir, es war tatsächlich so. Kurze Zeit später kam sie mit ihrem absoluten Traumpartner zusammen und seither verging kein einziger Tag, an dem sie sich nicht sahen. Und das sind nun auch doch schon knapp drei Jahre.

1 Teelöffelchen Honig
1 heißer Lindenblütentee

Das einzige was dir vielleicht nicht so gut gefallen wird oder du etwas Mühe haben könntest, ist das frühe Aufstehen. Bereite dir bei Sonnenaufgang den Tee zu. Setze oder stelle dich mit dem Gesicht gen Süden und gib den Honig in deinen Tee. Nun rühre deinen Tee dreimal gegen! den Uhrzeigersinn und denke dabei sehr intensiv an die Person, welche dein Partner werden soll oder an die Vorstellung dieser Person mitsamt seiner Eigenschaften. Trinke den Tee in kleinen Schlucken aus.

Beachte mich Zauber

Bemüht sich dein Partner nicht mehr um dich? Werden Versprechen gebrochen? Zeiten nicht eingehalten? Anrufe versäumt? Dieses Ritual könnte ihm auf die Sprünge helfen.

Zwei weiße Kerzen
Foto des Partners
Lupe oder eine Kristallkugel. Es ginge auch eine kleine Glasschale

Platziere das Bild zwischen den beiden Kerzen und entzünde sie (die Kerzen ;-)) Halte nun die Lupe oder die Kugel über das Foto. Es scheint sich nun zu verändern. Durch die scheinbare Lebendigkeit des Bildes, wurde nun der Kontakt zum Austausch hergestellt. Die Kommunikation kann beginnen. Jetzt kannst du ihm alles sagen, was du dir vorstellst. Welche Wünsche du hast und welche Gedanken dir durch den Kopf gehen. Du kannst ihm auch Fragen stellen, er wird dir in Gedanken antworten. Lösche die Kerze und ziehe das Foto von Norden nach Süden durch den Rauch und gleich darauf von Westen nach Osten.

Gesundheit

Warzen weg

Um Warzen loszuwerden gibt es viele Möglichkeiten, abkaufen, besprechen etc. Hier eine weitere Methode:

Knüpfe bei Vollmond so viele Knoten in einen Faden, wie du Warzen hast. Wirf den Faden draußen in der Natur weg. Dabei darf dich aber niemand sehen. Sobald der Faden verrottet ist, sind auch deine Warzen verschwunden. Achte daher darauf, dass der Faden aus rein biologischem Material ist. Sprich aber mit niemandem darüber, sonst kommen die Warzen wieder.

Magischer Wohlfühltee

Wenn es dir mal nicht so gut geht, du besonders niedergeschlagen, kraft- und trostlos bist, so kann dieser Tee Abhilfe schaffen. Er verleiht dir neuen Mut und deine Energie kehrt zurück.

Mische Hopfen, Kamille und Zitronenmelisse zu gleichen Teilen. Setze Wasser auf und bringe es zum Kochen. Gib die Teemischung nun in ein Teesäckchen oder in ein Tee-Ei, du kannst auch einen Teefilter nehmen, und setze es in das heiße Wasser. Du kannst es aber auch danach einfach mit einem Sieb abseihen. Lass das Ganze nun noch etwas ziehen. Wenn es abgekühlter ist, füge dieselbe Menge Orangensaft hinzu. Nun kommt noch etwas Ingwer (mit einer sparsamen Dosierung beginnen) und Honig dazu. Genieße diesen Tee bewusst und entspannt. Spüre, wie er dich dich mit Frohsinn und Zuversicht auffüllt und eine ausgeglichene Gelassenheit, beinahe schon ein innerer Frieden sich in dir ausbreitet.
Gelassenheitsübung

Eine einfache, aber effektive Übung, um gelassener zu werden.

Atme bewusst ein und halte nun solange die Luft an, bis du den Drang zum Ausatmen verspürst. Nun warte noch einen Moment und atme nun bewusst aus. Spüre, wie du ruhiger wirst.
Mache diese Übung drei Mal. Nun kannst du deinem Alltag wieder konzentrierte, aber vor allem auch mit mehr Gelassenheit entgegentreten.

Kartoffelzauber

Um Krankheit aus dem Körper zu ziehen.

Abnehmender Mond oder Vollmond, Samstag.

- Kartoffel
- Faden
- Messer, etwas Wasser,Salz

Weihe etwas Wasser, bitte die Kartoffel, die Krankheit aufzunehmen und beträufle nun die Kartoffel mit dem Wasser. Eine Prise Salz hinzu. Nun schneide die Knolle mittig durch. Halte nun eine der beiden Hälften über den Körperteil, der mit Krankheit behaftet ist. Visualisiere dabei, wie sie in die Kartoffel fließt. Sie wird regelrecht von der Erdknolle angezogen. Nun binde die beiden Hälften mit dem Faden zusammen und vergrabe sie etwas weiter von deinem Zuhause. So wie die Kartoffel verrottet, so schwindet auch deine Krankheit.

Erfolg

Strahlezauber

Dieses Ritual unterstützt dich, wenn du ein wichtiges Gespräch, einen öffentlichen Auftritt hast, aber auch, wenn du in der Liebe erfolgreich sein möchtest.

Eiche (ja, der Baum ist gemeint)
drei Eicheln

Suche an einem sonnigen Tag eine Eiche. Stelle dich unter den Baum und halte die drei Eicheln in deiner Hand. Strecke sie nun der Sonne entgegen und spüre die Kraft der Sonne, ihre Wärme. Merke, wie ihre Strahlen durch dich hindurchfließen und jede Zelle deines Körpers ausfüllen. Mache dies solange, bis du das Gefühl hast, ebenfalls zu strahlen. Visualisiere nun diese Energie in deine drei Eicheln und stecke sie ein. Hast du nun einen Auftritt oder ein Date, so nimm deine drei Eicheln wieder in die Hand, spüre die Kraft, das Strahlen, die Energie und wie sich nun die unter der Eiche erlebte Stärke wieder in dir aufbaut.
Sprich:
"Wie unter der Eiche,
betörend und strahlend,
so strahle auch ich."

Treppenglück

Jedesmal wenn du eine Treppe hochsteigst, denke oder sprich folgende Worte:

"Schritt für Schritt zum Glück empor,
für Misserfolge hab' ich kein Ohr,

ich steige hoch und weiter hinauf,
das ist der Welten Lauf."

Haarzauber

Hast du längeres Haar, kannst du, wenn du es offen trägst, das anziehen, was du dir wünscht. Verwende dazu einen halben Teelöffel eines Trägeröls und gib einige Tropfen deines Lieblingsöls dazu und verstreiche es nun sparsam in deinem Haar. Dies kannst du natürlich auch bei kurzen Haaren machen. Doch bei langem Haar verfangen sich die Wünsche leichter. Doch Vorsicht - sind die langen Haare zu verzwirbelt, können es sich Wesen der Geisterwelt darin heimelig machen. Sie lieben es, sich in Haarnester zu setzen. Etwas, was für den Alltag wahrscheinlich nicht so wünschenswert ist. Um gute Geister anzuziehen, kannst du in dein Haar auch glitzernde Spangen und bunte Maschen oder Bänder anbringen. So werden die die guten Wesen den ganzen Tag spielerisch umkreisen. Möchtest du deine Haarfarbe verändern, benutze mit natürliche Farbstoffe. Die chemischen tun weder dir, noch deiner Gesundheit oder deinen Haaren auf Dauer gut. Es gibt viele Haarfarben auf pflanzlicher Basis, die infolge auch dein magisches Wirken unterstützen.

Geld

Damit das Geld nie ausgeht

- Papier
- Zimt
- Klebestift

Zeichne auf dem Papier mit dem Kleber ein Kreuz und streue das Zimtpulver darauf. Lasse es trocknen und lege nun das Zimtkreuz in deinem Zimmer unter dein Bett. Von nun an soll es dir niemals an Geld fehlen.

Fülle

Folgendes ist in verschiedenen Kulturen und Lehren bereits legendär:

Du benötigst eine leere, große Schale. Diese stellst du am besten auf deinen Schreibtisch oder sonst an einen anderen schönen Platz. Jedes Mal wenn du daran vorbei kommst, stellst du dir vor, wie Geld in diese Schale fließt. Auch im Feng Shui (daoistische Harmonielehre) eine bekannte Möglichkeit um Geld und Wohlstand anzuziehen.

Luxuskreuzfahrt

Oder was immer du dir in deinem Leben konkret wünscht. Es sollte sich bei diesem Zauber aber um etwas handeln, was man anfassen kann. Also ein Schiff als Symbol für eine Kreuzfahrt, ein Auto, einen Computer usw.

Du brauchst dazu einen kleinen Spielzeuggegenstand, welcher deinen Wunsch darstellt. Also z.B ein kleines Schiff, ein kleines Auto, ein Mini Handy usw.

Weiters benötigst du ein Blatt Papier, einen grünen Stift, ein grünes Band.

Zeitpunkt bei zunehmendem Mond, an einem Donnerstag.

Nun schreibe dir auf, wie genau, du dir den Wunsch vorstellst, was es alles beinhalten soll. Beim Handy vielleicht die Farbe, die Marke, was soll es können usw. Ziehe nun mit dem Stift einen Kreis um die Liste und visualisiere um das Blatt Papie einen magischen Kreis. Nun setz den Gegenstand auf das Papier und binde es vorsichtig mit dem Band zu. Visualisiere deinen Wunsch intensiv. Solltest du es nicht innert einer Mondphase erfüllt bekommen, wiederhole es bis du es hast.

Engel

Du kannst auch jederzeit deinen Schutzengel um die Erfüllung deiner Wünsche bitten. Sei dabei stets respektvoll.

Zimt

Etwas Zimt in deine Geldbörse gestreut, hilft dir, dass du einerseits nicht zu viel ausgibst und andererseits, dass es zunimmt. Du kannst auch eine Münze mit Zimt einreiben und dabei visualisieren, dass, alles was du ausgibst, doppelt zurück kommt. Für Verluste im Casino werden aber keine Garantien übernommen.

Zauber der Natur

Bei Geldproblemen gehe in die Natur. Besuche einen Wald, üppige Wiesen. Sieh dir an, was die Natur zu bieten hat. Es gibt alles in Hülle und Fülle. Genau dies steht dir auch zu. Ob es die Blätter im Wald sind, der Sand am Strand, die Fische im Meer, die Früchte am Baum, die Grashalme auf der Wiese. Visualisiere wie die Fülle nun auch in dein Leben Einzug hält. Sammle als Erinnerung etwas aus der Natur, um es in deinem Heim aufzubewahren.

Dankbarkeitsritual

Sammle sieben Gegenstände, die dir gut gefallen (Glücksbringer, Foto, getrocknete Blume..) oder nimm sieben Heilsteine und gib sie in ein kleines Kästchen, welches du unter oder neben dein Bett stellst. Leere am ersten Abend das Kästchen aus und denke dir dabei bei jedem Stein oder jedem Gegenstand, wofür du dankbar bist. Dies können auch so Sachen sein, wie, danke, dass ich heute noch trocken in die Firma gekommen bin, danke, dass ich beim Termin nicht solange warten musste, danke, dass die meisten der Telefonate positiv waren, danke, dass mich der Verkäufer so freundlich behandelt hat usw. Mit jedem Danke legst du wieder ein Teil zurück ins Kästchen. Am Morgen nach dem Aufstehen leerst du das Kästchen in deinem Bett aus. Dies bleibt nun so, bis zum Abend. So denkst du abends wieder daran dich zu bedanken. Wiederhole dies nun täglich.

Begriffe

Aberglaube

Eine ursprünglich abwertende Bezeichnung seitens der Kirche, für vom christlichen Glauben abweichende oder gegenteiligen Glaubensformen und Ansichten und der Glaube, dass magische Praktiken funktionieren.

Abraxas

Zauberwort, welches sich aus den Anfangsbuchstaben von Gottesnamen zusammensetzt (hebräisch). Es soll bei der Problemlösung behilflich sein. Abraxas, als Herrscher über die Zeit, wurde mit dem Oberkörper eines Mannes dargestellt, die Beine in Schlangenform und mit einem Hahnenkopf. Als Zeichen seiner Macht hält er Schild und eine Peitsche (auch um Geister zu vertreiben). Das Wort Abraxas wurde meist von Gnostikern für magische Arbeiten eingesetzt.

Adept

Aus dem lateinischen - "adeptus" (der erlangt hat). Als Adept bezeichnet man in der Magie einen Meister, welcher über magische Kräfte und großes Wissen verfügt.

Akasha Chronik

Aus dem Sanskrit. Sie gilt als astrales Gedächtnis des Universums, welches mediale Menschen erkennen und lesen können. Der Verlauf der Geschichte der Welt, als auch das Schicksal jedes einzelnen Menschen und seine Aufgaben, welche aufgelöst werden sollten, sollen dort gespeichert sein.

Alchemie

Schwarze Kunst (abgeleitet aus dem ägyptischen und dem arabischen). Bereich - chemische Wissenschaft. Man veredelte Materie bzw. probierte aus unvollkommenen Stoffen perfekte zu machen, bekanntestes Beispiel stammte aus dem 17. und 18. Jhdt, wo man versuchte aus verschiedenen Metallen Gold zu gewinnen.

Astrologie

Die Lehre vom Einfluss der Himmelskörper auf Menschen und Projekte, welche durch den Geburtszeitpunkt bzw. den Start eines Projektes entstehen.

Chakra

Aus dem Sanskrit. Rad, Kreis. Energiezentren, wobei sich die sieben wichtigsten Chakren entlang der Wirbelsäule befinden. Verbindungen zwischen der astralen Ebene und dem Körper.

Chant (Gesang, engl)

Singen einfacher Melodien oder das melodische Sprechen von Texten.

Chiromantie

Kunst des Handlesens

Deva

Aus dem Sanskrit = Gott. In Indien bezeichnet man damit Götter, welche anderen Göttern dienen, und die sich auf einer höheren Stufe als Menschen befinden.

Esoterik

Geheimwissen. Wissen, was nur wenige Menschen zugänglich gemacht wird.

Exoterik

Öffentliches Wissen - Wissen, welche der breiten Masse, der Öffentlichkeit zugänglich gemacht wird.

Geistheiler

Menschen, die mit Hilfe der geistigen Welt, anderen Menschen helfen.

Gnostiker

Aus dem griechischen - gnosis, bedeutet Erkenntnis. Es handelt sich bei einem Gnostiker, also um jemanden, der eine spezielle Kenntnis besitzt und einfach danach lebt.

Götter

In der Metaphysik sind alle Götter, welche man in den verschiedensten Kulturen anbetete, real. Selbst dann, wenn aktuell sie niemand mehr anbetet (morphogenetisches Feld).

Götter im Hexenkult sind z.B. Pan (der gehörnte Gott) und die große Göttin.

Hexensalbe

Auch Flugsalbe genannt. Man bezeichnete damit während Zeit der Hexenverfolgungen eine Salbe, bei der man dachte, dass sich Hexen damit einreiben, damit sie zu ihren Treffen fliegen können. Es gibt auch heute noch Überlieferungen dieser Salbenrezepte, wo man auch Kinderfett zu lesen bekam. Was allerdings natürlich nicht stimmte. Auch konnte man damit nicht fliegen. Manche meinen jedoch, dass bestimmte Wirkstoffe und Drogen darin mitverarbeitet wurden, so dass durch diese halluzinogenen Stoffe man glaubte, fliegen zu können bzw. andere Menschen meinten, jemanden fliegen zu sehen.

Inkarnation

Die Zeit, in der ein Mensch auf der Erde verbringt = Leben.

Jenseits

Die andere Seite, Anderswelt. Dimension, welche nur für mediale Menschen wahrnehmbar ist.

Karma

Aufgaben, gelöste und ungelöste, welche die Seele aus vorherigen Leben mitbringt. Meistert man die Aufgaben im aktuellen Leben bzw. überwindet man seine Probleme, so kommt man weiter, im Leben, als auch im Reifeprozess der Seele. Folgende Definition trifft es ziemlich gut: Karma bedeutet, dass die Summe der Erfahrungen, das zur Vervollkommnung Notwendige ergeben.

Kristallomantie

Wahrsagen mittels einer Kristallkugel oder eine Wasserschale.

Magie

Wahrnehmung und Beeinflussung durch angewandtes Wissen der Metaphysik.

Mantra

Silbe, Wort oder Vers einer spirituellen Kraft, welche sich meist durch wiederholendes Rezitieren aufbauen, stärken und auch manifestieren soll.

Medialität

Für Energien, metaphysische Kräfte und subtile Reize empfänglich.

Medium

Person, welche die subtilen Kräfte der Metaphysik zu Nutze macht, um mit Wesen der anderen Welt zu kommunizieren = Channeling.

Metaphysik

Seinerzeit Lehre von der Ursache des Seins. Aktuell die Lehre von Kräften außerhalb der Physik - spirituell, parapsychisch, magisch.

Nirvana

Nirvana bedeutet Verwehen. Austritt aus dem Kreislauf der Wiedergeburt (Buddhismus).

Okkultismus

Aus dem lateinischen = geheim, verborgen. Sammelbegriff der Esoterik. Beschäftigung mit verborgenem Wissen.

Parapsychologie

Untersuchung von Phänomen, wie Telekinese, Telepathie, Hellsehen, Spiritismus usw.

Pendel

Hilfsmittel um Zugang zu dem Unterbewusstsein und Antworten auf Fragen zu erhalten. Es können damit auch Energieströme, unterirdische Kreuzungen und Wasseradern aufgespürt werden.

Pyromantie

Wahrsagen durch das Deuten von Feuer.

Reinkarnation

Wiedergeburt

Ritual

Phänomen einer menschlichen, kulturellen Handlung. Ein Ritual gibt Sicherheit. Es macht die Welt einfacher. Auch die Bewusstmachung der eigenen Sterblichkeit bekommt dadurch eine geordnete Sicherheit.

Runen

Älteste, germanische Schriftzeichen der Germanen, welche auf die "phönizische" Familie zurückgehen.

Schamanen

Medizinfrauen und -männer, welche durch den Kontakt mit der spirituellen Welt, Krankheiten heilen und Probleme lösen können.

Séance

Kontaktaufnahme mit Verstorbenen. Aus dem französischen = Sitz, Sitzung. Spiritistische Sitzung mittels eines Mediums.

Spiritismus

Glaube an Geister.

Voodoo

Religion. Sie ist hauptsächlich in Afrika und manchen Teilen Amerikas beheimatet. Die Religion wurde vor allem durch Praktizierung der schwarzen Magie bekannt. Jedoch gibt es im Voodoo viel mehr Praktiken. Schwarzmagische Rituale sind davon nur ein kleiner Teil. Man kann mit Voodoo auch Heilen und vieles mehr. Auch z.b. mittels der Puppenmagie kann man weißmagisch arbeiten.

Wicca

Eine in Amerika rechtlich anerkannte, heidnische Religion. Gründer ist Gerald Brousseau Gardner, welcher behauptete, bereits eine Initiation erfahren zu haben und zwar von bereits bestehenden Coven.

In den USA fügte Miriam Simos (bekannt als Starhawk) Wicca mit feministischen Elementen zu. Inzwischen gibt es nicht nur die traditionellen Wiccas, sondern auch Freifliegende. Auch ist es möglich, freifliegender Wicca mit Anschluss an einem Coven zu sein. Viele Wiccas akzeptieren mittlerweile auch die Selbstinitiation.

Xenoglossie

Man spricht eine fremde Sprache, während man in Trance ist.

Yin und Yang

Yin = weibliches, empfangendes Prinzip. Entspannung. Ruhe

Yang - männliches, gebendes Prinzip. Bewegung. Aktivität.

Nicht wissen, aber Wissen vortäuschen, ist eine Untugend. Wissen, aber sich dem Unwissenden gegenüber ebenbürtig verhalten, ist Weisheit.

Fernöstliche Weisheit

Glossar

Sephirot

Sephiroth ist die hebräische Bezeichnung der ausgestrahlten zehn göttlichen Emanationen im kabbalistischen Lebensbaum.

Visualisieren

Visualisierungen sind bestimmte Bilder der Vorstellung, welche imaginativ und mit Konzentration hervorgerufen werden.

Lebensbaum

Er stellt in der Kabbala die zehn Sephiroth mit den 22 Pfaden dar. Das System der Sephiroth sowie das Bild des Lebensbaums werden im Buch Sefer Jezirah (Buch der Formung) dargestellt, welches vor dem 6. Jhdt. n. Chr. entstand, und eines der wichtigsten und frühesten Werke der Kabbala war.

Seraphis Bey

gehört zu den aufgestiegenen Meistern und steht für Lebenskraft. Durch ihn wird der Lebenswille gestärkt und man nimmt seine eigene Kraft an, auf jeder Ebene. Oft bekommt man dadurch auch wieder mehr Lust auf Aktivitäten, welche dem Körper gut tun, damit er wieder gesund wird/bleibt. Durch seine Kraft, kann sich die eigene Einstellung zum Materiellen verändern. Der aufgestiegene Meister reinigt und bringt in die Materie Bewusstsein.

Quellen

Weiterführende Literatur

Schule der hohen Magie von Frater V.D
Selbstverteidigung mit PSI von Dion Fortune
Die Kräuter in meinem Garten von Siegfried Hirsch und Felix Grünberger
Die Satanische Bibel von Anton Szandor La Vey 1969
Mein Hexenhoroskop, Maggie, Heyne Verlag, 2008
Die Magie der Hexen, Claire, 2008
Freche Hexen, Silver Ravenwolf, 2005, Originalausgabe 1998
Das große Buch der magischen Kräfte, Ulrike Müller-Kaspar, 2004
Der spirituelle Notfallkoffer, Katharina Ceming, Christa Spannbauer, 2015

https://reikizauber.jimdo.com/myrialas-zauberportal/

Sator Quadrat Bild Von odder - Eigenes Werk, Gemeinfrei, https://commons.wikimedia.org/w/index.php?curid=1809093
https://de.wikipedia.org/wiki/Sator-Quadrat

Jahreskreisfeste - Zeichnung:
Von User:The Wednesday Island, after en:User:Brenton.eccles - Based on en:Image:Wheel_of_the_Year.gif but redrawn, Gemeinfrei, https://commons.wikimedia.org/w/index.php?curid=5293620

Bisher sind von Hexe Myriala folgende Bücher erschienen:

Liebeszauber, Zaubersprüche und Rituale, 2018
Schutzzauber, Schutz, Abwehr und Gegenzauber, 2019

Verwenden Sie die Informationen nicht als alleinige Grundlage für gesundheitsbezogene Entscheidungen. Fragen Sie bei gesundheitlichen Beschwerden immer Ihren Arzt, Heilpraktiker oder Apotheker. Die Anwendungen in diesem Buch werden ohne direkte fachkundige redaktionelle Begleitung und Kontrolle bereitgestellt. Beiträge können falsch sein und möglicherweise gesundheitsgefährdende Empfehlungen enthalten. Nehmen Sie Anwendungen der Heilpflanzen nicht ohne Absprache mit einem Arzt oder Apotheker vor.

Bitte um Beachtung, dass in allen Texten über Heilpflanzen, Kräuter und Gewürze und deren Anwendungen kein Anspruch auf Vollständigkeit oder Richtigkeit erhoben wird. Alle Angaben stellen nur Auszüge dar, daher können wichtige Informationen ggf. nicht genannt sein.

Es wird ausdrücklich darauf hingewiesen, dass keine Heil- oder Gesundheitsberatung durchgeführt wird. Durch neue Erkenntnisse können sich einige als heilwirksam bekannte Pflanzen auf der anderen Seite auch als gesundheitsschädlich herausstellen. Einige Heilkräuter und -pflanzen können giftig wirken. Bevor man sich selbst mit Heilkräutern/-pflanzen behandelt, sollte man seinen Arzt befragen, welche Nebenwirkungen oder auch Wechselwirkungen mit anderen Medikamenten auftreten können.

Die Anwendung der Zauber und Rituale erfolgt auf eigene Gefahr und erhebt keinen Anspruch auf Wirksamkeit. Man handelt eigenverantwortlich und sollte nach bestem Wissen und Gewissen die Zauber ausführen, ebenso die Kräuter, Harze und weitere angeführte Zutaten mit besonderer Vorsicht handhaben.

Auch für herbeigerufene Geister, welche man nicht mehr los wird oder einem in Folge allzu anhänglichem Liebhaber, wird keine Verantwortung übernommen.

Bei gesundheitlichen Problemen befrage man einen Arzt oder Heilpraktiker. Keine Heilungsversprechen. Keine Gewährleistung. Bei Unsicherheit vor Einnahme eines Krautes oder einer anderen Zutat zum Heilpraktiker, Arzt oder Apotheker.

Verpflichtung aus rechtlichen Gründen darauf hinzuweisen, dass die Informationen wissenschaftlich nicht nachweisbar sind, sondern es vielmehr um Glaubensfragen geht. Die Rituale entstammen dem Brauchtum verschiedener Kulturen und ich weise darauf hin, dass es viele Dinge im Leben gibt, welche wissenschaftlich nicht eindeutig belegbar sind, sich jedoch gerade an jene Menschen richtet, die nicht bereit sind, sich alles im Leben " weg-zu-wissenschaften " lassen. Wichtig: Die Anwendung eines Rituals ersetzt weder eine schulmedizinische Diagnose, noch eine schulmedizinische Behandlung. Rituale können lediglich unterstützend eingesetzt werden und können ärztlich verschriebene Medikamente oder Therapien nicht ersetzen.

- ***Myriala***

Printed in Poland
by Amazon Fulfillment
Poland Sp. z o.o., Wrocław

13665811R00096